丛书主编

王大明　刘　兵　李　斌

编委会成员

(按姓氏音序排列)

陈印政　柯遵科　李　斌

李思琪　刘　兵　曲德腾

孙丽伟　王大明　吴培熠

杨可鑫　杨　枭　张前进

革新人类自然图景

量子物理大师

王大明　编

中原出版传媒集团
中原传媒股份公司

大象出版社
·郑州·

图书在版编目(CIP)数据

革新人类自然图景：量子物理大师/王大明编.—郑州：大象出版社，2021.6
(中外科学家传记丛书/王大明，刘兵，李斌主编)
ISBN 978-7-5711-0870-0

Ⅰ.①革… Ⅱ.①王… Ⅲ.①物理学家-列传-世界-现代 Ⅳ.①K816.11

中国版本图书馆 CIP 数据核字(2020)第 248747 号

中外科学家传记丛书
革新人类自然图景　量子物理大师
GEXIN RENLEI ZIRAN TUJING　LIANGZI WULI DASHI
王大明　编

出 版 人	汪林中
项目策划	刘　兵　李光洁
项目统筹	成　艳　陶　慧　王曼青
责任编辑	贠晓娜
责任校对	牛志远
装帧设计	王莉娟

出版发行	大象出版社(郑州市郑东新区祥盛街27号　邮政编码450016)
	发行科　0371-63863551　总编室　0371-65597936
网　　址	www.daxiang.cn
印　　刷	河南新华印刷集团有限公司
经　　销	各地新华书店经销
开　　本	890 mm×1240 mm　1/32
印　　张	7.25
字　　数	154 千字
版　　次	2021 年 6 月第 1 版　2021 年 6 月第 1 次印刷
定　　价	26.00 元

若发现印、装质量问题，影响阅读，请与承印厂联系调换。
印厂地址　郑州市经五路12号
邮政编码　450002　　　电话　0371-65957865

总　序

马克思和恩格斯合写于19世纪40年代的《共产党宣言》中，曾有这样一段生动的描述："自然力的征服，机器的采用，化学在工业和农业中的应用，轮船的行驶，铁路的通行，电报的使用，整个整个大陆的开垦，河川的通航，仿佛用法术从地下呼唤出来的大量人口——过去哪一个世纪料想到在社会劳动里蕴藏有这样的生产力呢？"马克思和恩格斯说的那一切，还不过是19世纪的景况。到了21世纪的今天，随着核能、电子、生物、信息、人工智能等各种前人闻所未闻的科学技术的飞速发展，人类社会面貌进一步发生了翻天覆地的甚至马克思那个年代都无法想象的巨变。造成所有这一切改变的最根本原因，毫无疑问，就是科学技术。而几百年来，推动科学技术发展的直接力量，就是一大批科学家和技术专家。

中国是这几百年来世界科学技术革命和现代化的后知后觉者，从16世纪末期最初接触近代自然科学又浅尝辄止，到19世纪中期晚清时代坚船利炮威胁下的西学东渐，再到20世纪初期对"德先生"和"赛先生"的热切呼唤，经过几百年的尝试，特别是近几十年的努力，已逐渐赶上世界发展的潮流，甚至最近还有后来者居上的势头。例如，中国目前不但在经济总量上居于世界第二的地位，而且在科学研究的多个前沿领域也已经名列国际前茅；有些方面，比如科学论文的数量，仅次于美国而居世界第二；最可贵的是，中国已经形成了一支人数众多、质量上乘的科研队伍。

利用科学技术来推动社会经济的发展，中国已经尝到了巨大甜头，科学技术是第一生产力的观点深入人心。从政府到民间，大家普遍关心如何进一步落实科教兴国战略、推动创新促进发展，使中国在科技创新方面更具竞争优势，培养和造就出更多的科技创新人才，使中国在现代化道路上能走得更长远、更健康。

为实现上述目标，一方面需要提高专业科学研究队伍的水平，发扬理性思考、刻苦钻研、求真求实、勇于创新的科学精神；另一方面也需要增强和培育整个社会的公众科学素养，造就学科学、爱科学，支持创新、尊重人才的文化氛围。这套"中外科学家传记丛书"的编辑和出版，就是出于这样的考虑。

通过阅读和学习科学家传记，一是可以更深刻地理解科学家们特别是那些在重大历史转折关头做出了伟大贡献的科学家的科学思想和创新方法，二是可以更鲜活地了解到科学家们的科学精神和品格作风，三是可以从科学家们的各种成长经历中得到启发。

本丛书所收录的 200 多位中外著名科学家（个别其他学者）的传记，全部都来自中国科学院 1979 年创刊的《自然辩证法通讯》杂志。该杂志从创刊伊始就设立了一个科学家人物评传的固定栏目，迄今已逾四十年，先后刊登了 200 多篇古今中外科学家的传记，其中包括文艺复兴时期的欧洲科学家、远渡重洋将最初的西方近代科学知识带到中国的欧洲传教士，当然大部分都是现代科学家，例如数学领域的希尔伯特、哈代、陈省身、吴文俊等，物理学领域的玻尔、普朗克、薛定谔、海森伯、钱三强、束星北、王淦昌等，以及天文学、地学、生物学、计算机科学和若干工程领域的科学家。值得指出的是，这些传记文章的作者，大都是在相关领域学有专长的专家学者。例如：写过多篇数学家传记的胡作玄先生，是中国科学院原系统科学研究所的研究员；写过多篇物理学家传记的戈革先生，是中国石油大学的物理学教授；此外还有北京大学、清华大学、上海交通大学、中国科技大学等多所国内著名大学的教授，以及中国科学院、中国医学科学院和中国科技协会等研究机构的专家。所以，这些传记文章从专业和普及两个角度看，其数量之多、涉及领域之广、内容质量之上乘、可读性之强，在国内的中外科学家群体传记中都可以说是无出其右者。

考虑到读者对象的广泛性，本丛书对原刊物传记文章进行了重新整理编辑，主要集中在如下几个方面：一是在总体设计上，丛书共分30册，每册收录8个人物传记；二是基本按照学科领域来划分各个分册；三是每分册中的人物大致参考历史顺序或学术地位来编排；四是为照顾阅读的连续性，将原刊物文章中的所有参考资料一律转移到每分册的最后，并增加人名对照表。

当前，中国正处在从制造大国向创造大国转变、急需更多科技创新和科技人才的重要历史时刻，希望本丛书的出版对于实现这个伟大目标有所裨益，也希望对广大青少年和其他读者的学习生活有所帮助。

目 录

001
普朗克　学林古柏的幸与不幸

027
玻恩　晶格动力学之父、量子力学的诠释者

057
玻尔　哥本哈根的科学巨人

081
薛定谔　为人类理解自然和自身而奋斗

111
泡利　和量子概念同年降生的人

135
海森伯　学术瞩目和人品争议

161
狄拉克　革新人类自然图像的一代宗师

187
费曼　一个有趣的天才

213
参考资料

217
人名对照表

普朗克

学林古柏的幸与不幸

普朗克
(Max Karl Ernst Ludwig Planck,1858—1947)

普朗克出身于书香门第，在科学领域一帆风顺地成就了不世之功。19 世纪末到 20 世纪初，他在捍卫经典物理学的尊严时，却意外地成为新物理学革命的揭幕人，最后成为德国乃至世界物理学界的翘楚古柏。三十而立，四十不惑，那时候他就已经在科学界享有了非常崇高的待遇。直到如今，到德国的任何一个大城市里，都能看到以他的名字命名的研究机构，即"马克斯·普朗克学会"（简称"马普学会"）下属的某个机构。所以无论在学术上还是生活上，普朗克的前半生都堪称是幸运的。

但他又是个不幸的人，主要体现在他的后半生经历了两次世界大战和德国历史上的特殊时期。在第一次世界大战中，他的长子在战斗中重伤身死，他的两个女儿也先后病逝。他经历了德国经济的大混乱时期，60 多岁时，因公出差却住不起旅馆，只好在车站候车室中过夜。希特勒上台以后，他更是受尽了艰辛和屈辱。他的爱子因涉嫌谋刺希特勒而被杀害。他在柏林的住所在空袭中被毁，多年精心保存的日记、书信、文稿、书籍等都荡然无存。他在巡回演讲中目睹了战争给人类带来的苦难。战争末期，他躲在树林中，最后还是美国军队把他认了出来而予以保护。在他生命的最后两年，德国战后经济萧条，普朗克居无定所，只能寄住在格丁根的一位侄女家。

1947年10月4日，这位伟大、正直且饱经忧患的学林古柏在格丁根陨落，终年89岁。他的坟墓上只有一块长方形的小石碑，上面刻了他的姓名，底部刻着"$34h=6.62\times10^{-34}\mathrm{W}\cdot\mathrm{S}^2$"的字样。这是他引以为豪的普朗克常数，至今还在深层次影响着人类社会的运行。

一、一代宗师

普朗克于1858年4月23日生于德国的基尔。他的祖上有一系列牧师、法学家和教授。他的曾祖父戈特利布·雅各布·普朗克是莱布尼兹的再传弟子，在格丁根任神学教授。他的祖父海因里希·路德维希·普朗克也是格丁根的神学教授。他的父亲威廉·约翰·普朗克是法学教授，先后在基尔和慕尼黑任教近50年，于量子理论诞生的1900年逝世。他的母亲出身于牧师家庭，据说是一位性情活泼、感情丰富的人。

普朗克有三个哥哥、两个姐姐和一个弟弟。按照当时他们那种家庭的传统，孩子们从小就受到全面的文化教育，后来也多数成了律师或高级官员一类的人物。普朗克幼时表现出了一定的音乐才能，钢琴和风琴都弹得很好。他在基尔受了初等教育，于1867年随全家迁到慕尼黑，在那里上了高中，1874年高中毕业。

在入大学以前，他在选择专业方面一度徘徊于音乐、语言学和科学之间（当时人们对科学还比较轻视，认为不如文学艺术"高级"），后来几经斟酌，终于选择了科学。但是他对音乐的兴趣一直没有衰退，这成了他生活中的一种安慰。

普朗克于 1874 年 10 月 21 日进入慕尼黑大学，起初主修数学，但是他的兴趣很快就转向了物理学。当时的物理学教授约里曾经劝阻他，认为物理学已经"接近完工"，没有什么搞头了，但是有关"宇宙本性"的问题强烈地吸引了他，他没有接受劝阻。这真是他本人的和整个物理学的一大幸事！

他于 1875 年因病休学，于 1877 年转入柏林大学，在那里听了基尔霍夫和亥姆霍兹等人的课，并自学了克劳修斯的《热的动力论》。后来他声称，正是克劳修斯的著作，把他接引到物理学中来的。他于 1879 年 7 月 28 日以一篇有关热力学第二定律的论文获得了慕尼黑大学的哲学博士学位，次年任该大学的无工薪讲师。1885 年，他被基尔大学聘为副教授，有了固定的收入，生活有了保障。于是他结了婚，建立了自己的家庭。在此期间，他发表了不少论著，有些论著包括了很长的历史综述。

1888 年 11 月 29 日，普朗克成为柏林大学的副教授，接替了已故的基尔霍夫的职务，并担任了新为他设立的理论物理学研究所的所长。他于 1892 年 5 月 23 日被提升为正教授，后来在 1926 年因其他任务太重而辞去此职（于 1928 年由薛定谔继任），但他还继续担任教学和指导研究生的工作，一直很辛苦。

到了柏林以后，普朗克很快地赢得了自己的学术声誉，成了德国物理学会的柏林会员。他于 1894 年 6 月 11 日被选入普鲁士皇家科学院，并参加了"德国自然科学家和医生协会"的多次会议，结识了许多学术界人士。

在柏林，普朗克花了几年的时间集中精力研究当时的物理学两大难题（开尔文勋爵的"两朵云"）之一——黑体辐射问题。他于 1900 年下半年在德国物理学会的定期集会上报告了自己的研究结果。他的公式很好地概括了实验数据，引起了广大物理学家的注意。但是他的理论中蕴含的"作用量子 h"和"能量子 ε"的概念，却在相当一段时间内引起了包括普朗克本人在内的许多理论物理学家的惶惑。再加上另外一些社会原因，因此，普朗克虽然多次被提名，但却直到 1919 年才获得了因战争影响而迟发的 1918 年度的诺贝尔物理学奖。

在此期间，普朗克参加了"原子论"和"实证论"之间的学术论战，也参加了关于相对论的初期争议。在前一论战中，他基本上是站在"原子论"一边的。在后一争论中，尽管他起初对相对论有过怀疑，但后来却接受了它，而且对爱因斯坦做出了很高的评价，认为可以和哥白尼相提并论。

1912 年，普朗克以 19 对 1 的票数当选为普鲁士科学院的四名常务秘书之一。1913 年 6 月 12 日，以普朗克为首的"四位最有名望的德国物理学家"联名上书普鲁士教育部，建议选任爱因斯坦为科学院的院士。同年 10 月，普朗克当选为柏林大学校长（任期一年）。同年，他在科学院发起筹建物理学研究所，准备请爱因斯坦任所长。当时教育部同意了这一计划，一些企业的基金会也愿意提供一部分资助，但是财政部不同意，他们看不到这样一个研究所能有什么"经济效益"。不久爆发了第一次世界大战，这件事也就搁置了下来。当时德皇有权指定三分之一的威廉皇帝学会理事人数。1916 年，普朗克被指定为理事后，他重新提出了筹建物理学研究所的问题并获得了批准。1917年，威廉皇帝物理学研究所成立。当时爱因斯坦是名义上的所长，而实际上管事的则是普朗克。

第一次世界大战刚刚爆发时，普朗克受了德国军国主义者的欺骗，曾经在所谓《九十三位知识分子的呼吁书》上签名，表示和德国当局站在一起，并驳斥协约国方面关于德军入侵比利时的指责。这一呼吁书大大伤害了协约国一方知识分子的感情，虽然普朗克很快就后悔了，并且通过给洛伦兹的公开信表明了自己的态度，但是这一事件及另一些德国学者的更加强烈的所谓"爱国表现"，毕竟给国际科学合作造成了严重的后遗症，以致德国学者在战后一段时间内的国际活动中一直受到排斥。

战后的德国，经历了一段政治上和经济上的困难时期。由于经济上的大混乱，各个科学教育单位的经费捉襟见肘。这时已成为德国科学界首脑人物的普朗克，想了许多办法为全国的学者筹集款项，为此还成立了德国科学紧急委员会，从而有力地支援了索末菲、玻恩、朗德、帕邢等人的工作。但这也得罪了以斯塔克为首的右翼知识分子，他们指摘普朗克偏爱理论物理学和犹太人，甚至成立了自己的机构来和德国物理学会唱对台戏。但是，1925年量子力学的诞生，使普朗克大感欣慰，他认为这是他的科学政策的重要结果。

1930年7月，普朗克被选为威廉皇帝学会的主席，从此正式成为德国科学的最高权威和发言人。他一贯重视基础研究、德国文化和国际合作，认为这些都比眼前的经济利益重要得多。这种态度当然不完全合乎大资本家的心意，但是由于普朗克的国际威望和无懈可击的品德，他们还是选择了普朗克。

二、以勤勉取胜的学者

普朗克不是那种一般人所想象和所理解的"天才"或"神童"。他在高中各年级的成绩列在第三名到第八名之间。到了晚年,在得到那么高的声誉和地位以后,他还宣称自己在物理学方面"没有特殊的天赋"。他曾经表示,他不能同时研究几个不同的科学课题,而只能集中精力研究一个问题。他自称天性平和,对有问题的探险没有兴趣,而且并不能"很快地"对新东西有所反应,也不能"很快地"掌握它。"他在物理学中的成功……以及在其他知识活动和行政活动方面的成功,来自长时间的资料吸收和缓慢的思想成熟",然而他的成就并不在那些天才人物之下。他给人类留下来的精神遗产和道德范例是丰富而宝贵的,我们在此只能略述其荦荦大者。

1. 热力学的研究

普朗克最初从事的是热力学探索。在这方面,他曾经坚持了多年,取得了一些重要进展。他特别重视不可逆过程的研究,提出了自己的热力学第二定律的叙述方式。在其他一些方面,他也发表了一些特有的见解。起初他比较重视热力学的唯象性(及连续性),曾经宣称"不必借助于有关物质由分子构成的特殊假设"来解决问题。他的某些结果和美国人吉布斯的结果相一致(相等价),他得知以后很愉快地承认了吉布斯的先见之明。他写的《热力学讲义》一书曾在三十多年的时间内被认为是热力学方面一本特别清楚、特别系统和特别精密严整的著作。事实上,在世纪交替时期,他已经成为热力学方面的公认权威。

2. 热辐射理论

众所周知，使普朗克成为人类文化史上不朽人物的，当然是他的黑体辐射理论。在1900年以前，普朗克已经在一定程度上接受了"原子论"。但是在最初，他仍然是用热力学的方法来处理辐射问题的。在他以前，人们曾经从不同的角度计算过按"波长"（或频率）分布的黑体辐射能量，得到的公式全都不能很好地表示实验结果，甚至导致了和当时的物理学基本观念（能量均分原理等）直接抵触的"紫外灾难"的产生。

普朗克在这个问题上也花了多年的时间。他起初把辐射看成一个热力学体系来计算它的熵，由此得出的结果和维恩的经验公式相一致。但是这种计算受到了玻耳兹曼的批评，普朗克很虚心地接受并改用了另一个方程，但是所得的结果仍然不够好。最后，按照他自己的说法，他只好采取了一个孤注一掷的办法。他在没有多大根据的情况下采用了"内插法"，把公式改成了 $\frac{\partial^2 S}{\partial U^2} = \frac{a}{U(U+b)}$（$S$ 和 U 分别表示辐射体系的熵和内能，a 和 b 是两个恒量）。

由这一方程推出的结果和后来的普朗克公式很接近，因此他把这次改动说成一种"幸运的猜想"。他于1900年10月19日在德国物理学会的定期会议上以《论维恩辐射定律的改进》为题报告了自己的理论，而他的好朋友鲁本斯等人立即核对了实验结果，发现和普朗克的理论完全符合。按照当代物理学史家雅默尔的看法，事情发展到这一步，能量子的概念已经注定要出现了，因此他认为应该把1900年10月19日这一天定为"量子理论的诞辰"。他评论说：

在物理学史上，从来不曾有一次很不显眼的内插，竟然带来了如此深远的物理学的和哲学的后果。

为了把他的"幸运的猜想"转变成"有着实在物理意义的叙述"，普朗克发现必须动用统计的方法。在统计的计算中，他试着引用了"能量子 $\varepsilon=h\nu$"的概念，此处 ν 是一个振子的频率，而 h 是一个普适恒量（后来被命名为普朗克恒量或"作用量子"）。他由此得出了著名的普朗克公式。他于1900年12月24日在德国物理学会的会议上宣读了题为《论正常光谱能量分布定律的理论》的论文。因为直到此时才正式引用了 h 这个恒量，所以人们习惯上把1900年12月24日这一天叫作"量子理论的诞辰"。

当普朗克引入 h 这个量时，他本来打算在最后的结果中取 $h \to 0$ 的极限，那样能量才会变成和经典观念相合的连续的量。但是求出结果以后，他却发现不能那么办。这种情况使他那不喜欢新鲜玩意的头脑大感不安。他一直想把自己的理论纳入经典物理学的结构中去。他声称，在有关能量子的问题上，应该采取"尽可能保守的"态度。但是他的几次努力都没有成功，而相反地，爱因斯坦和洛伦兹则分别于1906年和1908年证明了能量子概念和经典物理学的基础不可能相容。

有人说，有一次普朗克在和儿子散步时说到他自己做出了"牛顿以来最伟大的发现之一"。这种传闻的可靠性是很值得怀疑的，因为它既和普朗克的谦虚个性相违背，也和当时他自己及大多数物理学家的思想认识相违背。但是，从后来的发展情况来看，这句话很可能是后人强加在普朗克口中的"不实之词"，却很准确地评价了普朗克这一发现的历史地位。

3. 电动力学的研究

一位普朗克传记的作者指出，在普朗克对热辐射问题的贡献中，巧妙地结合了他对不可逆性的研究和对电动力学的研究。在德国人对麦克斯韦理论与日俱增的兴趣的影响下，作为理论物理学家的普朗克曾经企图把热力学和当时是新理论的麦克斯韦电动力学统一起来。他在1891年曾经指出："熵增原理必须扩充到所有的自然力……这不但包括热过程和化学过程，而且也包括电过程和别的过程。"因此，为了给热辐射之不可逆性的处理做好准备，他从1895年就开始了研究电动力学。他的最终目标是通过研究保守效应（包括辐射阻尼在内）来考察不可逆过程。为此目的，他研究了电磁振子，而这种研究在他的热辐射理论中起了很重要的作用。为了证明麦克斯韦理论在红外谱区的适用性，他在1911—1912年曾经试图把量子理论中的参量和经典理论中的参量等同起来。这种方法或思想，有时被人们说成"普朗克的对应原理"，但这其实是对"对应原理"一词的一种严重曲解。

4. 对爱因斯坦相对论的研究和倡导

在1900年提出了辐射理论以后，对理论的基本出发点感到惶惑，普朗克产生了一定的苦恼。他倾向于转而研究别的课题，至少是把辐射问题暂时放一放。

1905年，爱因斯坦发表了他的狭义相对论。这种理论很快就引起了普朗克的注意。他也很快向一些物理学家介绍了这种理论，并且改正了爱因斯坦原始著作中的一处笔误。1906年，当某人的实验似乎和爱因斯坦的结论有些分歧时，普朗克又在"自然科学大会"上为这种理论进行了辩护。他指出，实验的精确度还不足以判别各种不同理论的谁是谁非。后来他又用更新的实验数据进行了计算，得出结论说"相对论正确的可能性比较大"。另外，在相对论从电动力学到力学方面的推广，他也做了一些工作。他利用最小作用量原理来得出了一种相对论动力学的结论。

由狭义相对论得出的关于距离收缩和时间延长之类的结论，并没有使普朗克感到惶惑，却相反地使他感到了高兴。他论证说：

> 只有当我们诉诸自己的感觉时，这些结论才是难以接受的，但是物理学家可以超越时间和空间之类的根深蒂固的直觉，而这种能力就使人类有希望建立火星人和地球人都能够接受的真正普适的物理学。

他指出，许多电动力学理论都要用到某种电子模型，而爱因斯坦理论则不需要这种模型，这就使那些"惶惑的电动力学家们"得到了"解脱"。

按照爱因斯坦本人和另外一些人的判断，狭义相对论很快被接受，爱因斯坦在德国科学界很快被承认，一个很重要的因素就是普朗克的介绍和推荐。因此有人说，除了热辐射理论，普朗克对物理学的第二个重大贡献就是他"发现了"爱因斯坦。

普朗克和爱因斯坦的个人关系，是一个复杂的和令人感慨的问题。这一点，我们将在后面讨论。在这里只想指出，普朗克在接受广义相对论方面可能有过一些困难，而爱因斯坦也曾对他感到不满。但是通过"长时间的资料吸收"，普朗克最后还是接受了这种理论。

5. 伟大的教育家

有一位物理学家兼科学史家派斯，曾经比较了量子理论的三位主要开创者普朗克、爱因斯坦和玻尔。他指出：普朗克是一位正规的大学教授，他讲了许多课，培养了许多哲学博士；爱因斯坦则喜欢单独工作，基本上不讲课，也"从来没有"培养过一个博士生（？）；玻尔和许多人一起工作，他也不讲课，只开讨论会，他也不带博士研究生，而只培养"博士后"人员。

在高中时期，普朗克曾经代替数学教师上过几星期的课，那时他就对教学工作产生了很大的兴趣。当了大学教师以后，普朗克在很短的时期就同时开设了四门理论物理学课程。到了柏林以后，在大学讲课更成了他的经常性工作。他讲的课涉及力学、流体力学、电动力学、光学、热力学和分子运动论，一般每六个学期轮流一遍。他的讲课内容都经过精心安排，清楚而有条理。例如印度物理学家玻色曾经表示，听了普朗克的讲课以后，才知道物理学是那样一个理论体系，在该体系中，整个的课题可以从统一的立脚点并根据最少的假设来加以展开。后来，普朗克出版了一套理论物理学的书，这套书也成为名著，其中几本有过各种文字的译本。

在 40 年的教育工作中，普朗克先后培养出来了 20 多名哲学博士，其中劳厄和玻特后来获得了诺贝尔物理学奖，另外一些成了很有成就的物理学家，还有一人成为著名的哲学家，即逻辑实证主义维也纳学派的创始人施利克。

普朗克主张女子应有受高等教育的权利。在他任柏林大学校长的一年（1913—1914）内，在该校上学的女生超过 770 人，而当时全德国的女大学生不过 3700 人，约占全体大学生的 6%。他特别赏识奥地利女物理学家迈特纳，还曾打算到维也纳去任教，后来因为柏林方面竭力挽留，他没有去，却把迈特纳请到了柏林，后来迈特纳当了他的助教，而且成了他们家的常客和好友。

当他成为德国科学界的泰斗后，他用那种一以贯之的极端负责精神指引了科学发展的方向，关心各个学术机关的款项分配、人员调动之类的问题。在德国物理学会的刊物《物理学年刊》的审稿方面，他也付出了经常的艰辛的劳动。他甚至还关心中学物理学的教学改革，对大学中的普通物理学的改进也提出了自己的建议。

甚至在晚年，在那种战时和战后的艰苦条件下，他仍然到处巡行，发表演讲，向听众阐述自己的科学观点、道德观点和宗教观点。在一生最后一次的演讲中，他必须在 1 月乘坐没有取暖设备的火车到演讲的地方去。有人问他为什么要这样，他说：

在 89 岁的时候我不能在科学上有所创造了，留给我的只有一种可能，那就是通过在这儿或那儿重复我的讲话来追随我的工作给我准备的方向，并满足那些为真理和知识而斗争着的人们、特别是青年们的愿望。

三、开明的保守派

受到家庭的影响，普朗克很早就有了某种宗教信仰和道德观念。在他的一生中，他的谦虚和正直，他的诚恳和宽厚，他的责任感和清心寡欲，得到了人们广泛的称颂和敬重。他是一个重视家庭生活的人，和家人感情很好。起初，他和一位银行家的女儿结了婚，23年后，夫人病逝，他深感悲痛，但是不久以后又结了婚，因为他是那样地需要家庭和伴侣。爱因斯坦喜欢个人生活，不太关心家庭，还喜欢犀利的言辞和露骨的玩笑，即使在学生和新闻记者面前也不避讳。普朗克则不然，他虽然也颇善交际，但是却非常庄重，平日他只和身份相同的人们聚首，抽抽雪茄，听听音乐，最多说说无伤大雅的笑话。

虽然并不赞成军国主义，但是却奉公守法，尊重行政部门，无比地负责和诚实，有时甚至略显过分，这就是普朗克的特征。1929年，当柏林的同行们庆祝他获得博士学位50周年时，他们不但称赞了普朗克的学术成就，而且称赞他"良心无一污点的纯正"。这在学术界是并不多见的。因为问心无愧，他往往坚持自己的看法，以致有时显得有点顽固。普朗克把爱因斯坦看成当代的哥白尼，而爱因斯坦则不止一次地抱怨普朗克的固执己见，即所谓"死抱住显然错误的成见不放"。然而，普朗克的看法并不是不可改变的：当认清了情况以后，他在许多重大问题上确实也多次改变过自己的看法。

在科学观点上，他强调世界图像的普适性和统一性。他总是希望看到"作为一个整体的"物理学。当这种努力遇到困难时，他就在坚持中（即采取"尽可能保守的"态度）一步步地退让，尽量采用"折中"的办法来对待所面临的局势。必须指出，在科学工作中，这是一种慎重的、认真的态度，虽然看起来不那么"革命"，然而却有它的很大优点。

作为一位从热力学入手的理论物理学家，普朗克当然会强调物质结构和理论表述的连续性，也会重视能量这一概念在理论研究中的重要作用。他告诉他的老师约里教授，他之所以选择当时并不时髦的物理学来作为自己的专业，并不是想要做出什么"发现"，而是要了解或深化已经确立了的基础，他并不醉心于世俗的什么成就或是成功。

然而普朗克不愧为一位伟大的自然探索者。他认为热力学的规律是普遍的规律，而关于物质构造的分子概念则是会把人们的思想引入歧途的概念，因而他对"原子论"是没有好感的。但是随着分子运动论不断取得成果，特别是这种理论在化学方面的广泛应用，他逐渐认识了分子-原子概念的重要性，因此改变了自己的看法，并在确立自己的辐射理论前接受了分子运动论。当时德国学术界把分子运动论叫作"动力学理论"，认为这是从热力学到力学的一种"还原"。这种观念和普朗克追求普适理论的动机正好吻合。然而当时他心中并不是没有矛盾的，因为他不喜欢"概率"的概念。尽管如此，在主张原子论的玻耳兹曼（主张"绝对概率论"的艾克斯诺的学生）和主张实证论的马赫之间爆发了激烈的论战时，普朗克还是站到了玻耳兹曼一边。

早在普朗克接受原子论以前，他就对马赫做出过较低的评价。他在 1891 年写给奥斯特瓦尔德的信中说："至于马赫，我必须说我不认为他在（热力学）第二定律方面有多大发言权，尽管我在其他方面很赞赏他的判断的独立性和敏锐性。"到了 1896 年，他和玻耳兹曼一起批评了奥斯特瓦尔德本人的"唯能论"。他认为唯能论者企图用能量的守恒及转化来概括全部物理学的想法是胡扯。从普朗克的特点来看，能够得到这样的结论是很不容易的，因为唯能论的观点也和他对"普适性"的追求无不相似。然而普朗克的态度是不含糊的，他说：

> 我认为我有责任提出强烈警告，唯能论不能再沿着目前这种方向继续发展下去了，这种发展意味着现行理论工作结果的严重倒退，其后果只能是鼓励青年科学家们去进行那种半通不通的胡思乱想，而不是鼓励他们通过研究已有的杰作来彻底地打好基础。

1906 年玻耳兹曼自杀以后，普朗克想必认为自己的科学哲学方面的担子更重了。他在一二十年的时间内进行了反对实证论的论战，在各种场合下阐述并发展了自己的观点。

如上所述，普朗克所追求的是一种普适的物理学，他强调物理规律对于观察者的独立性——我们甚至可以说他在某些方面强调得有点过了头。他坚信自然过程的客观存在，从而从根本出发点上就是和实证论针锋相对的（然而他的学生施利克后来却成了所谓"维也纳学派"的中坚人物）。他在1908年的一篇重要演讲中放弃了一向平和的态度而对马赫提出了相当尖锐的批评。最使马赫受不了的也许是普朗克对他的最得意力学著作的批评。他指出，没有任何一位物理学大师是按照马赫所设想的程式来建造自己的科学的。

在很长一段时间内，普朗克认为实证论是学术上的一种严重危险。为了反对这种倾向，他甚至不惜赞扬"唯灵论"倾向很明显的英国学者洛奇，认为洛奇对"独立于我们的实在外部世界"有一种"不可动摇的信念"。

现在让我们再来谈谈他那"孤注一掷的"量子假设。如前所述，当初提出这一假说时，普朗克曾把它看成一种权宜之计，看成一块敲门砖，本来是打算在适当的时候就把它抛弃掉的，但后来发现抛不掉，这才把它看成"孤注"。这也是使他感到很矛盾、很尴尬的一个情况。

到了1906年前后，他开始隐隐约约地意识到他的辐射理论已经在物理学中注入了某种全面性的和带有威胁性的要素。为了缓和这种情况，他在几年的时间内做出了一些努力，企图找出恒量h的所谓"经典诠释"，然而结果都没有成功（实质上不能自圆其说）。到了1911年，在能斯特的倡议和比利时企业家索尔维的资助下，在布鲁塞尔召开了第一届索尔维国际物理学会议，会议的目的正是要讨论辐射和量子。在这次会议上，实验家们报告了实验数值和普朗克理论的优美符合；理论家们介绍了量子概念在除辐射以外的其他课题方面的应用，而普朗克本人也更清楚地意识到了量子概念和经典理论之间难以弥补的裂痕。

尽管如此,他直到 1913 年还觉得爱因斯坦的光量子概念是科学工作中的一次失误。第一次世界大战期间,他考虑了光的波动观点和光量子观点的关系。尽管由于玻尔原子理论的成功,他不得不承认光的发射是量子化的,但是他仍然觉得没有足够的证据说明光在传播中也是量子化的。他仍然更多地倾向于麦克斯韦理论,盼望有一天能够在这种理论的框架中使矛盾得到解决。

当矩阵力学在 1925 年夏天终于出现时,普朗克曾经是欢欣鼓舞的:一方面,他感到自己领导德国科学的心血没有白费;另一方面,他期望新的力学将发展成为一种可以取代经典理论的统一理论。在他的心目中,新旧理论之间将没有质的差别而只有范围大小的不同,而事实却证明情况远非如此。他在 1926 年的一篇关于统计力学、因果性和自由意志的演讲中宣称,将来的理论将用不着关心观察者对所观察的对象的干扰,因为物理学"从一开始"就是把这种复杂性排除在外的。这恰好和玻尔等人的想法完全相反。

在这样的思想状况下,普朗克(和爱因斯坦等人)欢呼薛定谔波动力学的诞生,认为这种理论是"绝妙的"和"划时代的"。因为波动力学用了微分方程这种大家熟悉的数学语言,所以当时颇有几位老辈物理学家看到了希望,觉得重新振兴经典物理学王国的时机终于到来了。然而不到一年,就出现了波函数的概率诠释,过了一年,又先后出现了海森伯的测不准原理和玻尔的互补原理。这就又一次使那些年高德劭的大师的希望归于幻灭。尽管后来一直有人试图反对或驳倒所谓哥本哈根观点,但是振兴经典王国的梦想却肯定是越来越渺茫了。人类认识的道路是错综复杂的，人们在这种道路上行进的步伐和姿态也是各不相同的。普朗克采取的是一种临深履薄的小心翼翼的稳健方式。他虽然常常"落在形势的后面"，但他对人对己是绝对诚实的，所以他还是扎扎实实地前进着的。他的方式绝对不同于那种闻风而动、随声附和的市侩作风，他的人格和作风是值得尊敬的。

四、一个正直人的不幸

普朗克像一个巨人，站在新旧世纪的分界点上。他的一生经历了成功的喜悦，更经历了深刻的悲痛。

如上所述，他虽然亲手揭开了物理学革命的帷幕，但是幕后所显示出来的却并不是他所梦想和追求的东西。事实上，几乎每一次新的发展都曾引起过他的不安。然而学术上的失望还只是他所遭遇的最小的不幸。

作为德国科学界的领袖，他在多年的社会活动中遇到过无数的令人头疼的人事关系问题，而且随着当时德国形势的发展，这种问题越来越多地显示出了政治色彩，最终还把普朗克逼到了手足无措的角落。

早在 1895 年，普朗克被柏林大学当局指定为一个委员会的成员，来解决一个棘手的问题。当时有一位无工薪讲师，名叫阿龙斯。此人是社会民主党的党员，用演讲和捐款来大力支持该党，因此普鲁士的文化教育部要求学校把他开除。但是讲师不是公职人员，他的任免权属于大学而不属于教育部。普朗克认为，阿龙斯是一位很好的教师和有希望的科学家,而且此人也没有用自己的政见去影响学生,因此不应该把他开除。此事在报纸上引起了一场争论。到了1898年,普鲁士为此专门颁布了法律(被称为"阿龙斯法"),规定教育部有权解职大学讲师。这时他们又要求柏林大学解聘阿龙斯,普朗克坚决不同意,结果教育部只好亲自出面来干这件尴尬事。可以设想,普朗克这样的保守学者一般是不愿意反对当权者的,但是为了维护某种原则,他却也可以表现得很"顽固"。

1913年,普朗克倡议请爱因斯坦来柏林,并要求请他当拟议中的物理学研究所的所长,从此也开始了他在"爱因斯坦问题"中的困难处境。作为一位哲学气质很浓的物理学家,普朗克当然很重视人类文化和基础研究,他的许多活动在很大程度上就是为了给理论研究创造必要的条件。这种做法引起了某些人的不满,特别是在第一次世界大战以后,德国人认为受到了不公正的对待,从而滋长了种族主义情绪。于是以勒纳德为首的少数实验物理学家提出了"德意志物理学"的口号,提倡实用,反对他们所不懂的理论,特别是主要由"犹太人"创立的新理论。这种口号迎合了某些右翼势力和大企业家的口味,一时甚嚣尘上。

1919年,爱丁顿率领的日食观测队证实了广义相对论的推论,进一步激起了本来就怀有反英情绪的德国人对爱因斯坦的反感。1920年,在一些冒牌"科学家"的鼓动下召开了反对爱因斯坦大会,对爱因斯坦进行了恶毒的人身攻击。这种情况引起了大批正派学者的愤慨。当时普朗克没有正式站出来抗议,但是他在后来的一系列行动中尽量维护爱因斯坦的权益。1922年,柏林大学的实验物理学教授鲁本斯逝世，有人提出让勒纳德继任，普朗克以学术上的理由予以否决。同一年，另一位右翼分子斯塔克在一次学术会议上散发了题名为《德意志物理学的当前危机》的反动小册子，攻击"犹太人的"理论和爱因斯坦，并号召物理学家们"像约翰内斯·斯塔克那样"投身到工业中去——那年，斯塔克曾以学校不重视工业为借口辞去了他的教授职务，其实他是觊觎国家物理技术局局长的职位，结果又在普朗克的安排下被能斯特抢了先。到了1924年，斯塔克和勒纳德一起公开变成了纳粹打手，当时希特勒还没有掌权，但是这两位获得过诺贝尔奖的实验物理学家已经堕落到把那个酒吧间里的流氓比喻为伽利略、开普勒、牛顿和法拉第的地步——不过，因为后两人都是"英国人"，希特勒恐怕也不一定赏识这种无耻的吹捧吧。

当希特勒在1933年攫取了德国的政权时，普朗克还担任着德国科学机构中的两个要职：柏林科学院的秘书和威廉皇帝学会的主席。两个机构都需要政府的支持，而纳粹当局也认为普朗克有可以利用之处。他家世"清白"，是纯粹的"雅利安人"，他在国际上有很崇高的学术地位，而且以道德高尚而受到许多正派人的尊敬。当时普朗克确实考虑过引退，他年事已高，引退也有理由。但是他不断地收到各方面的来信，遇到困难的人们需要他的帮助，这就使他觉得自己有责任留下来，以便解决那些乱麻似的困难问题。他采取了委曲求全的做法。当哈恩提议联合三十位著名的德国教授来发表声明，支援他们的犹太同事时，普朗克说：

> 如果您今天找了30个这样的人，明天就会有150个人

出来反对他们，因为人家需要他们的位置。

普朗克曾经打算通过幕后活动来缓和压力，甚至去见过希特勒。但是这种活动当然没有效果，于是大批很有才华的犹太学者被赶出了大学和研究单位。据说当时的大数学家希尔伯特在一次会议上坐在纳粹教育部长的旁边，那家伙搭讪说：

阁下，我希望犹太数学家们的离开不会严重影响您的研究所的活动吧？

希尔伯特回答说：

噢，部长大人，根本不会影响。（停了一下）只是研究所再也不存在了。

事实上，纳粹不但驱逐了希尔伯特最得力的助手库朗和诺特，而且还造谣说女数学家诺特"偷了图书馆的书"。

爱因斯坦早就参加了后来转入地下的"新德国联盟"。这是一个左翼组织，反对德皇，赞同民主革命，而爱因斯坦的言行也早就成了纳粹分子的眼中钉。早在 19 世纪 20 年代，他们就不断地对他进行了无耻的诽谤，而且多次威胁他的生命。后来希特勒上台，如果爱因斯坦在德国，他是很难活下来的。幸亏那时他已去了美国，而在出国以前普朗克在办理护照等方面帮助他解决了许多麻烦。1933

年 3 月 10 日，爱因斯坦发表宣言，表示德国已经没有自由、容忍和公民在法律面前的平等，因此他不再回德国了。同年 10 月，他取得美国国籍，定居于普林斯顿。

爱因斯坦问题给普朗克带来了很大的麻烦。他曾经想了许多办法来缓和人们的情绪，但是由于很难抵挡纳粹当局的强横要求，他只好要求爱因斯坦辞职。但是纳粹当局还不满足，他们要求科学院做出解释，于是科学院在普朗克外出休假的情况下起草了一份免职书，对爱因斯坦提出了政治上的责难。这种情况使普朗克很难堪，因为他一直对爱因斯坦评价很高，尽管他们二人的政治见解很不相同。

同一年的晚些时候，普朗克提名劳厄接替爱因斯坦的职位。这又招来了那时已很得意的勒纳德和斯塔克的阵阵辱骂。他们算起了旧账，说普朗克这个"政治上毫无价值的"人物把爱因斯坦塞进了科学院，而劳厄则曾公开把纳粹对待相对论的态度比喻为当年罗马教会对伽利略的审判，而这种比喻曾经得到"所有犹太人及其同伙的热烈赞颂"，如此等等。

与此同时，斯塔克通过纳粹政府施加压力，要当科学院院士。但是这种活动受到许多正派科学家的抵制，最后科学院负责人递交了一份报告，列举了斯塔克对科学院成员普朗克、薛定谔、哈柏和劳厄的疯狂攻击，结果斯塔克的图谋又宣告失败。

但是，普朗克的胜利只是暂时的，随着反动势力的节节进逼，德国的高级研究单位很快渗透进来了许多的纳粹党徒和特务；许多科研人员受到压力，因而被迫参加国社党。过年过节，各单位要向希特勒致贺。普朗克很勉强地接受了这一切。一位目击者描述当时的情况说，普朗克站在台上，举了两次手都没有举起来，第三次才举起来，喊了"希特勒万岁"。

1938年，在他80岁寿辰到来之前，普朗克被任命为"巡回传教师"，这又给他增加了到各地去宣讲宗教观点的任务。他在布道时提到了宗教和科学，但是很少提到耶稣。这也非常不合纳粹分子的口味。他们散布谣言说普朗克的母亲有犹太血统，并且"科学地"判定说普朗克是"十六分之一的"犹太人。

为了庆祝他的80寿辰，德国物理学会设立了"普朗克奖章"。普朗克选定的第一届受奖者是法国人德布罗意。实际上，这是故意和纳粹作对的做法。因为：第一，他有意选了一个法国人；第二，德布罗意其实也是希特勒一伙很不喜欢的人物。

1938年5月30日，威廉皇帝物理学研究所正式落成。这是普朗克多年的心愿，他为这件事花费了许多心血。美国科学史家海尔布伦教授指出，在普朗克心目中，这个研究所应该成为洪水泛滥中的"挪亚方舟"，可以庇护少数的物理学家在那里工作。不幸的是这个"方舟"在海森伯主持下一度成了为纳粹军方研制原子武器的基地。这个说法也是有据可查的，海尔布伦引用了海森伯当年给军方的报告为证。这使普朗克十分担心，他恨不得把这个"方舟"沉入海底。

1938年12月22日，普朗克在任职26年以后辞去了科学院秘书的职务。在此以前的几年中，他经历了多次风浪，遭受了许多恶毒的诬蔑，抵制了斯塔克之流的轮番进攻。但他的引退也没有止住对方的咒骂,他们仍然胡说普朗克领导的科学院是"犹太人的巢穴",普朗克本人"起码也不是物理学家",而他的辐射公式则只是根据"真正的物理学"(指实验工作)做出的"初等的数学推导"。但是普朗克并没有屈服。他仍然在他的演讲中阐述自己的科学观点,当然他也避免提到爱因斯坦的名字,但是他把相对论说成"整个理论物理学大厦的完工和加盖冠顶",而且他的这种手法竟然瞒过愚蠢的纳粹官僚达几年之久。

1943 年春天,为躲避空袭,普朗克迁居乡下。同年 5 月间,他曾回柏林一行。当时 80 多岁的普朗克仍然精力充沛,那一年他还爬了海拔 3000 米的高山。但是他的苦难还远远没有结束。1944 年 2 月 15 日,普朗克在柏林郊区的住所被炸,文件和藏书全部被毁。这也没有压垮普朗克,他还能够以工作来宽慰自己。不久又传来了他的孙女企图自杀的消息,但是最沉重的打击还是他儿子的被捕。他和原配夫人生的第二个儿子埃尔温深得他的宠爱。1944 年底,埃尔温和他的一个朋友因涉嫌谋刺希特勒而被判死刑。埃尔温在所谓"魏玛共和国"时期曾任高级军官,他确实一直反对纳粹,但他不承认参加了刺杀密谋。为了援救自己的爱子,普朗克做出了不惜一切的努力,但是纳粹匪徒又一次戏弄了他,就在普朗克满怀希望的时候,纳粹匪徒突然杀害了埃尔温。这次打击几乎要了普朗克的命。从那以后,他就永远失去了人生乐趣。他的身心都受到了严重影响。他的脊椎黏连在一起,行动困难,常常痛苦得大声喊叫。他居住的地方变成了战场,他和夫人只好躲在树林中,睡在草堆上,最后被美国军官找到,在极度贫困的情况下移居到格丁根的一个侄女家中。

第二次世界大战末期,海森伯等几个曾经为德军研制原子武器的科学家,包括反对纳粹态度最明朗的劳厄在内,在撤退途中被俘,被送往英国拘留,不久获释。纳粹分子勒纳德于1947年死去,逃脱了正义的制裁。同年,一个审判纳粹分子的法庭判处斯塔克四年劳役。

经过纳粹的清洗和战争的破坏,德国威廉皇帝学会濒于瓦解。当时在格丁根的学会秘书在迫不得已的情况下请求普朗克再次出任学会主席。在普朗克的领导下,当时西方占领区中留下来的所长们选举哈恩为下一任主席,于1946年4月1日到任。当时英法占领当局允许学会恢复活动,但是美国人却倾向于把学会解散。于是又由普朗克出面进行疏通,而他的国际声望和儿子的牺牲也起了决定性作用。协商结果,学会要改一个"军国主义色彩更小的"名字。1949年7月,在英法美三方的同意下,在占领区中成立了"马克斯·普朗克学会",由劳厄任秘书,哈恩任主席,海森伯任"马克斯·普朗克物理学研究所"所长。其时普朗克已经逝世,但是他的光辉名字和高风亮节将永远载在人类文明的史册上,至于希特勒和另外那些独裁暴君们,以及他们那些大大小小的奴才们,让他们统统见鬼去吧!

(作者:戈 革)

玻恩

晶格动力学之父、量子力学的诠释者

玻恩

(Max Born, 1882—1970)

玻恩是20世纪著名物理学家，也是一位具有特殊地位的物理学家。在科学研究方面，他奠定了晶格动力学的基础，参与了量子力学的创建工作，提出了波动函数的统计诠释，在相对论、固体物理、流体理论、光学等领域都有卓越建树，因之成为物理学的一代宗师。在科学组织方面，他创立格丁根物理学派，使格丁根成为20世纪20年代后期和30年代初期世界物理学的中心之一。在个人交往方面，玻恩与20世纪两位最伟大的物理学家爱因斯坦和玻尔都建立了深挚的友谊，虽然这两位科学伟人在对量子力学的哲学解释问题上持有对立态度。玻恩还是个优秀的教师，不但教出了多名诺贝尔奖获得者，还教授了很多中国学生，包括黄昆、彭桓武、程开甲和杨立铭等，他们后来都成为中国物理学各领域的巨擘。所有这些，都使玻恩在科学史上具有了某种特殊的地位。

一、浓郁的家庭科学气氛

美国著名物理学史家克莱因说过：

在量子物理学的主要创造者中间，玻恩或许是其物理学家同伴中唯一不具备生动个人形象的人。爱因斯坦当然是举世无双的，玻尔对各地的理论家来说是仁慈的父亲形象，狄拉克具有独特的个性风格和明显的天赋，泡利深奥和尖锐的结合成了达 45 年之久物理学变革的基础，但玻恩显然缺少任何上述种种个人魅力。

确实，在玻恩的朋友和学生中很多人天资极高，才华过人，有些还留下了早慧的美名，而玻恩却不是这样，他早年各方面成绩平平，并无什么过人之处。

1882 年 12 月 11 日，玻恩生于普鲁士西里亚省首府布雷斯劳，具有犹太血统。他的父亲古斯塔夫·玻恩是布雷斯劳大学医学系解剖学和生理学教授。玻恩少时体弱，支气管炎使他比同龄儿童晚进学校，而和妹妹一起由家庭教师指导。后来他进了小学，但学习成绩令人失望。他就读的中学是一所普通的德国大学预科学校。学校的主要课程为拉丁文、希腊文和数学等。同小学相似，他的成绩平庸。由于记忆力不好，拉丁文成绩可想而知。数学成绩虽不算很坏，但他对此兴趣不大，甚至有些讨厌欧几里得几何，认为它像席勒的戏剧一样，"每行都是无休止的蠢笨说教"。

无论如何，少年玻恩的生活也有优越的一面，那就是家庭里浓郁的科学气氛。他在很小的时候就和妹妹到父亲的实验室去，那里摆满了各种仪器。小玻恩还被允许旁听父辈的科学讨论，讨论者有 606 的发明者、化学疗法的创立者埃尔利希，皮肤科医生——淋球菌和其他微生物的发现者奈赛尔等当时的一些著名科学家。

所以对于玻恩而言，少年时代扫兴的学校生活并不是生活的全部。他后来极动感情地写道："我真正的生活是在学校之外，真正的友谊也在学校之外。"这不仅是由于家庭的科学气氛，还由于有年龄相仿的堂兄弟们。玻恩同他们玩积木、做游戏，智力得到发展。就聪明伶俐而言，玻恩并不突出，有些岁数比他小的，甚至还要更聪明一些。然而玻恩有一个难得的品质：从小就力图以新的思路消化接触到的事物，并注意到这些事物之间的联系。

1900年7月，玻恩的父亲病故。父亲去世前和玻恩谈起他的前途。玻恩表示希望成为一名工程师。睿智的父亲劝诫他不要操之过急，建议他在固定某种专业之前去听各种不同学科的课程。

在父亲去世后的半年中，其父生前的助手拉赫曼博士鼓励玻恩阅读社会科学著作。玻恩读过马克思及其他一些社会主义者的著作，并接触了康德和黑格尔的哲学，这可以说是玻恩的哲学启蒙。也是由于这位年轻助手，玻恩对天文学和宇宙学有了兴趣。在玻恩为当一名工程师还是继续从事科研或是经商举棋不定时，又是此人力劝他献身于科学研究。

1901年，当玻恩19岁时，得以进入布雷斯劳大学主修天文学，但他谨记父亲的劝告，广泛涉猎多种课程，包括数学、物理、化学、生物甚至哲学。以后的事实证明，父亲的劝告极为重要。广泛的学习，不仅使玻恩找到了恰当的事业，也为他打下了广博的基础。这也使得他的知识面变得非常宽广，对新事物也敏感，因而他一生涉足的研究领域很多。

1904年以后，玻恩还曾继续尝试就读其他高等学校，包括海德尔堡大学和苏黎世大学等。但对他作为未来科学家的发展来说，更具决定性意义的是去格丁根求学。玻恩在此学习了三年。他去格丁根的初衷，就是仰慕当时三位数学先知的大名，即克莱因、希尔伯特和闵可夫斯基。提及这段经历，玻恩总是充满感激。他敬仰希尔伯特和闵可夫斯基的人品，说这两位伟大数学家观察世界的方式给了他深刻印象。到格丁根一年后，玻恩就成为希尔伯特的私人助手，这也使他对这位数学泰斗有了更深的了解，从而有机会了解高明的数学思维是怎样进行的，堪称是玻恩的莫大幸运。在玻恩后来的教育方法特别是玻恩与学生不拘小节的关系中都可以看到希尔伯特的影子。

三年之后的 1907 年 1 月，玻恩由于在弹性领域的研究论题获博士学位。这年春天他到英国剑桥游学了数月，秋天回到故乡布雷斯劳从事实验物理工作。

二、晶格动力学之父

1908 年，玻恩重返格丁根，原准备随闵可夫斯基一起研究相对论，但因翌年年初闵可夫斯基不幸逝世而未竟初愿。不过他还是通过一篇题为《汤姆孙的原子模型》的论文，在格丁根大学获得了特任讲师的职位，从此开始了在科学研究领域中的辛勤耕耘。

玻恩一生涉足的研究领域非常广泛，如原子理论、晶格力学、相对论、量子力学、流体理论、分子理论、光学等等，但研究时间最长、论文最多、最能代表他个性的就是在晶格动力学方面的工作。后来，收入玻恩自选文集中属于这一领域的论文就有 33 篇，占据了他一生科学工作的很大比重。他在晶格动力学领域的贡献主要有以下几方面。

1. 比热理论

固体比热的杜隆 – 泊替定律存在许多例外，这被列为 19 世纪末晶体学悬而未决的问题之一。1906 年，爱因斯坦对此问题的解决提供了一个极其简单而成功的线索：考虑到普朗克量子假说，固体比热可以用固体中粒子的振动来解释。但问题在于，固体中粒子振动的物理图像并不清楚。

1912 年，玻恩在格丁根大学任讲师期间，与后来成为空气动力学创始人之一的卡门住在同一幢房屋。两人天天一起讨论物理学，在讨论中他们谈到了爱因斯坦关于固体比热的理论。他们认识到，爱因斯坦的单振子模型可以通过考虑晶格振动的全部光谱来改进，这样便可消除爱因斯坦比热理论与实验的小小脱节。他们坚信晶格是物理实体，力图给出晶体作为动力学体系的图像。两人通力合作，引入了这一领域的几乎所有基本概念，从而奠定了晶格动力学的基础。后来，卡门转到流体理论的研究，而玻恩和他的许多学生一直继续在这一领域中工作，陆续发展了基于晶格动力学的固体热学、光学和力学理论。因此，玻恩被称为"晶格动力学之父"还是恰如其分的。

当时，从事改进爱因斯坦比热理论的还有德拜，他的工作比玻恩和卡门早几个星期。但德拜简单地把固体视作一种连续介质，因之忽略了其内部结构的原子特性。而玻恩和卡门的理论则是以较完善而严格的原子动力学原理为基础，就晶体研究的理论意义上说，玻恩和卡门的结果更为重要。这一工作的另一个重要结果，是使玻恩认识到普朗克的作用量子 h 不可能像普朗克本人所希望的那样可以同牛顿或麦克斯韦的理论糅在一起，原子领域需要一种更基本的新力学。因为固体的振动不再是单个粒子或粒子群的经典振动，而是一种新的模式振动。

2. 离子晶体

离子晶体，特别是卤化碱，在固体物理学发展中起着十分重要的作用，因为它们易于产生，同时相对单纯，适于做精确和重复实验研究的对象。1918 年，玻恩和他的学生朗德对离子晶体进行了详尽的研究，在马德隆的帮助下奠定了离子晶体的经典理论。以前，物理学家和化学家用不同的方法研究离子晶体，由于玻恩的工作，这种情况得到了改变。1977 年的诺贝尔物理学奖获得者莫脱评论说："这项工作或许应该认为是理论固体物理的真正开始。"

玻恩还在哈柏的帮助下，提供了仅用物理数据决定反应热的办法，其中利用了焓 H 的总变化与实现变化的中间步骤无关的原理。这一方法后来被称为玻恩－哈柏循环。

对离子晶体的研究还使玻恩认识到原子模型应该有比玻尔原子模型更高的对称性，这是玻恩认为需要新的更基本的力学的又一个启示。

3. 总结性的经典著作

玻恩在晶格动力学方面花费了多年的心血，成果卓著。这一领域的每个方面都有他的贡献，这些成就集中反映在他的三部著作之中。

玻恩很早就被认为是这一领域的权威，早在 1915 年他就写作了《晶格动力学》，总结了当时自己和别人的成果，这是他在此领域的第一部专著。之后,索末菲请他为《数学百科全书》撰写关于这一学科的条目,由于第一次世界大战的耽误,玻恩写作了很长时间,后来这个词条以单行本出版,书名为《固体的原子理论》,于1923年在莱比锡出版,这是玻恩的第二部专著。20世纪20年代中期量子力学诞生之后,一方面,玻恩的兴趣跟随着量子力学有所转移;另一方面,德国的纳粹势力开始肆虐,干扰到了玻恩的研究工作。所以,直到第二次世界大战之后,晶格动力学又有很多新发展的40年代,已经移居英国的玻恩也重新总结这个领域的进展,试图重新写一部总结性著作《晶格动力学理论》,此即他的第三部专著。

在写作的过程中,1947年5月,一位中国青年物理学家黄昆到爱丁堡大学玻恩处进行短期工作。玻恩把自己已经写成的一部分《晶格动力学理论》初稿拿给黄昆看。在两人的讨论中,玻恩发现黄昆有不少独到见解,是很合适的合作者,就希望得到黄昆的帮助,共同完成此书。黄昆接受了玻恩的建议,开始着手合作研究和写作工作。1951年黄昆回到中国后,在国内修改了最后一章。这样,从1947年到1951年,经过四年,由黄昆执笔的两人合作专著终于完成,于1954年由英国牛津大学出版社作为国际物理专著丛书之一出版。

此书获得极大的成功。1957年苏联出版了俄译本。之后的二十多年此书一直是晶格动力学的主要基本理论著作。英国晶格动力学家科克伦在其所著《晶体中的原子动力学》一书的1973年版引言中说:

玻恩和黄昆在 1954 年出版的《晶格动力学理论》，至今仍然是这个学科的主要方面的权威著作。

英国剑桥大学科学委员会主席埃利奥特 1979 年来中国访问时也指出：

我研究晶格动力学，是在学习了玻恩和黄昆合著的《晶格动力学理论》一书后，受到教益和启发才开始的。

由此可见玻恩第三部著作的巨大影响，当然也显现了合作者、中国半导体科学家黄昆的深厚功力。

三、优秀的物理学导师

1921 年，39 岁的玻恩成为格丁根大学理论物理学教授。此时，雄心勃勃的年轻教授心中的目标，就是要在格丁根建立起世界一流的物理研究机构。1922 年，他成功说服教育部当局，把他的亲密朋友、物理学家弗兰克请到格丁根来担任实验物理学教授。这样，格丁根物理学研究团队在理论和实验两个方面都更有优势，吸引来了大批优秀青年人才。同时，玻恩也以他卓越的教育才能和可贵的个人品质，使格丁根原先的数理科学传统得到发扬，使这个 20 世纪初的数学中心也成为当时世界的重要物理学研究中心。

有人把教师分为两种类型：一种是师生间没有什么明显界限，

大家平等向学、教学相长；另一种是师生等级分明，老师一定要对学生摆个架子，否则无法证明自己更高明。年轻教授玻恩无疑属于前一种类型的老师。玻恩的学生、1963年诺贝尔物理学奖得主梅耶夫人回忆说：玻恩和弗兰克都不像那些典型的古板德国教授，那些教授甚至不和学生握手。而玻恩对学生态度亲切，不拘小节，他的研究所气氛活跃。课余，他常和学生一起散步、野餐，讨论物理和非物理问题。玻恩非常爱好音乐，尤其喜欢巴赫和勃拉姆斯的作品，常邀请学生去家里演奏欣赏。海森伯认为，这也是玻恩吸引年轻人的重要原因之一。玻恩在他主持的讨论班上鼓励提问和批评，不嫌问题笨拙。大家畅所欲言、热烈讨论，甚至也可以打断别人的发言。来自美国的青年学生奥本海默，就常常打断发言者的讲话，甚至对玻恩教授的发言也不例外，其凌厉的提问有时使玻恩都感到害怕。可以想象，这种自由的学术气氛对当时格丁根的物理科学发展有着怎样的推进作用。

玻恩口才流利，讲课出色。他在格丁根大学开设了一系列课程，包括粒子和刚体力学、连续介质力学、热力学、电磁学、光学、统计力学基础、原子结构和量子理论等各种各样的基础和前沿课程。梅耶夫人说他的课程很深，但讲得非常清晰明了。其中关于量子理论的部分，结集成题为《原子力学》的著作，于1924年出版，1927年被译成英文，是旧量子论的总结性专著。

玻恩能够吸引杰出青年人才的另一原因，就是他注重因材施教，不拘一格。他在一篇谈大学理论物理教学的文章中明确指出：对少数出众学生应开设不同于一般人的课程。玻恩也不单从考试成绩来衡量学生的优劣。1922年9月，原是慕尼黑大学索末菲学生的海森伯来到格丁根做短期访问。起因是索末菲外出讲学，建议他到玻恩处呼吸些新鲜空气。学习了一个学期后，海森伯又回到慕尼黑进行博士学位考试。由于那时他对实验物理兴趣不大，居然没能通过维恩的提问。后经索末菲竭力帮助，才勉强以及格成绩通过了博士考试。海森伯当时非常沮丧，连夜赶回了格丁根。翌日，他问玻恩是否还愿意留下他，玻恩赏识他的才华，欣然同意让他留下当助手。

善于从学生晚辈那里学习，真正实现了教学相长，也是玻恩作为教师的一大特点。他经常说自己从助手泡利那里所学到的，多于泡利从他那里所学到的。泡利是个神童，21岁就在慕尼黑大学获得了博士学位。在他博士毕业后不久，曾在格丁根大学作为玻恩的助手工作过一年。

为促进格丁根物理学事业的发展，玻恩邀请名家讲学，资助各国学者来访。1922年夏，丹麦物理学大师玻尔到格丁根讲学，介绍了最新的原子结构理论。这次讲学非常著名，被称为"玻尔的节日"，影响了许多物理学领域年轻人的科学生涯，也使玻恩把兴趣转到研究玻尔的原子理论。有人认为它是格丁根新纪元的开始，也是格丁根－哥本哈根轴心的雏形。之后，到1925年夏，玻恩又接待了多位来访者，包括荷兰莱顿大学的埃伦费斯特、哥本哈根的克拉默斯、剑桥卡文迪许的卡皮查、列宁格勒物理所的约飞等各路物理学俊杰。

20年代初，玻恩、弗兰克和另一名实验物理学教授鲍尔联合举办了物质结构讨论班。先后参加这个讨论班的主要人物有海森伯、泡利、奥本海默、K.T.康普顿、约尔旦、狄拉克、鲍林、布莱克特、洪德等。从后来的史实看，这个讨论班对量子力学思想的形成和发展具有非常重大的意义。

在玻恩的领导下，格丁根群英荟萃，形成了可以和玻尔的哥本哈根学派相媲美的格丁根物理学派，并且在两者之间形成了紧密的联系，被人称为物理学的"格丁根－哥本哈根轴心"。量子力学思想和其中的矩阵力学形式，就是由这个学派所创立起来的。海森伯后来表示，格丁根所特有的科学传统、玻恩的坚强信念，是指引他把建立新的自洽量子力学作为基本研究方向并最终结出硕果的巨大精神力量支柱。

1933年，玻恩由于纳粹的迫害而逃往英国，凭借他的深厚科学造诣和教学方面的自由风格，以及热心提携后进的态度，又在爱丁堡大学吸引和聚拢起一批青年学生，形成了固体物理学的玻恩学派。

控制论的创建者维纳回忆说，"玻恩是一个沉着的、温和的人，性情像个音乐家"，"是我所知道的最谦虚的科学家"。维纳的这种结论只有和玻恩共过事的人才会体会到，因为，实际上，逐渐进入老年的玻恩教授，给人的初始印象往往有些粗暴了。

和玻恩一起工作过的波兰物理学家英费尔德在自传中记述了这样一件事。1933年，当他在剑桥大学学习时，玻恩和狄拉克都在此执教。英费尔德开始和狄拉克一起工作，但发现狄拉克过于沉默寡言，他就去听玻恩的课。有一次读到玻恩的一篇论文，英费尔德发现了一个错误。第二天在玻恩的讲课结束后，他就把自己的发现告诉了玻恩。当时玻恩很生气，不愿接受他的看法，但在离开时又改口说："我再想想。"英费尔德当时对玻恩的态度也很恼火，心想，虽然在剑桥遇到了两位伟大物理学家，但狄拉克不爱说话，在这里读他的论文和在波兰读也没有什么两样；而玻恩虽然会开口说话，却很粗暴……第二天他又去听玻恩的课，看见玻恩已经站在教室门口。玻恩对他说"我在等你。你是对的"，并请英费尔德原谅他的粗暴。玻恩还对他说，和他一起工作过的人都知道，他对别人的意见开始时总有一定保留，但若这意见是正确的，他肯定会接受。于是他们由口角转为合作，很快成为良师益友，甚至一起合作发表论文。后来，1959年与玻恩合著《光学原理》的沃尔夫也有同样的回忆，他认为玻恩外表虽有些粗暴，实际上却是一个极富人情味、极仁慈的人。玻恩的中国学生程开甲先生也有这种感受。

玻恩对学问孜孜不倦，他曾在蜜月中沉醉于爱因斯坦的相对论，使新娘有些恼火。他在学术上对年轻人也极为严格。每日见面，总是要问有什么新进展。这对助手们是一种压力，有时使他们觉得很不愉快，但玻恩在生活上对助手们却是关怀备至。他对中国学生非常友好。在爱丁堡大学他的中国学生最多，有彭桓武、程开甲、杨立铭，还有介于学生和朋友之间的黄昆。他在自传中多次称赞这些中国学者，夸他们聪明能干。据杨立铭先生回忆，玻恩说过中国学生都是好学生。

玻恩对学生的前途非常关心。为使其学生布雷斯特有适当的职位继续从事科学研究，他把他们合作的工作由布雷斯特单独发表。玻恩也从不埋没合作者的贡献，对他们总是热情鼓励，肯定其成绩。矩阵力学刚刚创建后，玻恩去美国讲学，他总是把成就归于海森伯，而很少提到自己的工作。玻恩的这些品德，吸引和鼓舞了他周围很多有才能的同事、助手和学生，其中许多人甚至比玻恩还早地获得了诺贝尔奖。例如：弗兰克1925年、海森伯1932年、泡利1945年就获得了诺贝尔物理学奖，而玻恩自己在1954年才获奖。

玻恩对自己在教育方面的工作是满意的。他晚年表示，在大学教书是很有趣的，以具有吸引力和启发性的方式向学生们提出科学问题是一种艺术，编写教科书也同样如此。他说：

> 最愉快的是教研究生。我很幸运，在我的研究生中有许多有天才的人。发现人才并把他们引导到内容丰富的研究领域是件了不起的事情。

玻恩的物理学教学实践，给后来者留下了许多值得思索和学习的经验。

四、量子力学的先驱

如前所述，在固体比热（1912）和离子晶体（1918）方面的研究工作，使玻恩很早就感到需要用更基本的新理论来代替玻尔的量子理论。在1922年玻尔访问格丁根以后，玻恩更是把注意力集中于此。他和弗兰克、鲍尔一起举办物质结构讨论班，和他的合作者即助手们一起寻找玻尔半经典理论的弱点和矛盾。海森伯曾对比过玻恩的格丁根学派和索末菲的慕尼黑学派对于量子理论的认识，他认为：当玻恩学派对玻尔理论的正确性表示怀疑时，索末菲学派还深信不疑，认为只要附加普朗克、玻尔和索末菲所提出的量子条件，牛顿力学还是可以用来解决原子领域的问题。海森伯认为，玻恩甚至比玻尔更加坚信要有一套完整的数学上统一的量子理论，而不是在牛顿力学、量子条件和光量子假设之间徘徊，并试图去调和它们。在此，玻恩深厚的数学造诣起了重要作用。

1922年，玻恩就和助手泡利深入讨论了把微扰理论用于原子理论的问题；之后的1923年，他又与海森伯合作对氦原子进行了研究。在此基础上，玻恩在1924年的一篇论文中第一次使用了"量子力学"这个术语，提前给期待中的新理论起好了名字。1925年，玻恩还和约尔旦一起研究多周期体系，他们发现：量子的"跃迁量"总相应于经典理论中振幅的平方，由此能恰当地构成"跃迁振幅"的概念。玻恩对此非常重视，他在有海森伯参加的讨论会上指出这种跃迁振幅应该是新理论的中心参量，并由某种符号运算来把握。

海森伯第一个实现了这种设想。1925年7月中旬，他应邀去剑桥讲学，临行前交给玻恩一个手稿。这是他1925年6月间因患枯草热病去黑尔戈兰岛疗养时所做的工作。他沿克喇末色散工作的方向，把注意力从定态能量转向跃迁概率。他抛弃旧量子论中电子的位置、速度、轨道等经典概念，主张代之以原子光谱的频率、波长、强度等可观测量。他认为只有可观测量在物理理论中才是有意义的。他推广了玻尔的对应原理，并把它从数学上精确化。海森伯让玻恩决定是否应当发表该文，他说他已无法再推进一步。玻恩立即看出海森伯思想的重要性，于当年的 7 月 25 日把论文交给《物理学期刊》发表。玻恩发现：海森伯的不同寻常演算实际上不过是矩阵演算，海森伯对量子条件所做的新表述，表示了矩阵方程的对角线元素 $pq - qp = \dfrac{h}{2\pi i}$。玻恩想证明其余的元素为零。

恰好在这时，德国物理学会下萨克森地区分会的物理学家在汉诺威举行会议。在赴会途中的火车上，玻恩遇见了他先前的助手泡利。此时泡利已经写出许多漂亮的（包括他提出的著名的不相容原理）论文，颇有名气。玻恩向泡利讲述他关于矩阵的想法，并希望与泡利合作解决遇到的困难。不料泡利对此并无兴趣，反而报以冷淡和嘲笑，说："是的，我知道你的癖好是烦琐冗长的形式体系。你只会用你无效的数学来败坏海森伯的物理思想。"这一次，思想敏锐而又锋芒毕露的泡利错了，事实很快就证明玻恩的数学素养对发展海森伯的思想产生了不可估量的作用。在泡利处碰钉子后，玻恩去找他的另一得意学生约尔旦合作，最后发表了一篇长文，提出了一些重要的量子力学原理，其中包括量子力学在电动力学上的推广。

紧接着，玻恩、海森伯、约尔旦三人合作完成了一篇论文。这篇长文使矩阵力学的形式在一定程度上达到完善，成为量子力学的经典文献。

1925 年 11 月 14 日至 1926 年 1 月 22 日，玻恩应邀去美国麻省理工学院讲授晶体理论和量子力学。晶体理论 10 讲，量子力学 20 讲，所用标题为"原子结构"。玻恩第一个把新的量子理论带到美国，吸引了许多听众。他的这些讲演稿于 1926 年由麻省理工学院出版，同年又出版了德文版，这是关于量子力学的第一本专著。玻恩还和当时在麻省理工学院任讲师的维纳合作，用算子理论将矩阵力学普遍化。

由于德布罗意、薛定谔等人的工作，1926 年在同一微观领域，又出现了不同于矩阵力学但又同样有效的波动力学。薛定谔对格丁根－哥本哈根学者们的工作很反感，海森伯对波动力学也同样持反对态度。物理学家们以针锋相对的论战来辩驳两套理论的优劣。玻恩 1926 年夏的工作对统一物理学家的思想、澄清对此问题的讨论起了关键的作用，对两种截然不同的思想进行了某种综合，在新的高度上达成了一定的统一。他用薛定谔的方法处理碰撞问题，讨论了入射粒子动能远远大于散射中心相互作用的势能的情况，得到了著名的玻恩近似。他认为电子的波函数所表示的不过是电子在某时某地出现的概率（严格地说，电子出现的概率正比于波函数的绝对值的平方）。这项工作从物理上统一了波动力学和矩阵力学。概率解释使物质的波粒二象性更加明确，在此基础上海森伯提出了测不准关系，玻尔提出了互补原理。

玻恩的概率解释对量子理论的发展及人们的思维方式影响很大。他和哥本哈根学派坚持认为概率是量子理论的内在性质，给人们的印象尤为深刻。著名物理学家兼科学史家派斯甚至认为：

在量子力学的这种意义上引入概率——也就是说，概率是物理基本定律的内在特征——很可能是迄今仍具影响的 20 世纪的最根本科学变革。同时，它的出现标志着一次科学革命（这是个很常用却很少定义的术语）的结束而不是开始。

这一评论或许有那么些过誉，但至少从一个侧面说明了玻恩这一工作的巨大意义。统计观念在玻恩自己的思想中也占有重要位置，他基于这种观念对一系列重大哲学问题发表了自己的见解，引起了学术界、思想界的重视。

五、物理学是真正的哲学

同他那一代许多科学大师，如爱因斯坦、玻尔、普朗克一样，玻恩也极注重哲学思考。他从中学时代起就开始阅读哲学著作，康德哲学是他早期的偏好。在格丁根求学期间，他接受的基本上仍是康德哲学。自然科学的确定性与传统先验哲学的夸夸其谈所形成的强烈对比，特别是爱因斯坦的相对论及玻恩参与建立的量子力学对旧哲学观念的挑战，使玻恩在 20 世纪 20 年代以后逐渐抛弃了康德哲学。他晚年回忆说，经历了漫长的过程，站到某种经验论哲学的立场上，他才认识到康德哲学的失败。经验论哲学是玻恩科学哲学思想的主流。

玻恩注重原理性的东西，对不关心哲学的科学家表示不满，说这些人虽然"具有很高的技巧和发明才能，但是并不聪明"。玻恩在晶格动力学方面的成就已足以使他跻身于物理学大师之列，事实上诺贝尔奖获得者莫脱就认为玻恩在晶格动力学方面的成就也是可以获诺贝尔奖的。但玻恩表示，他之所以持续地在晶格动力学领域工作，是因为他被经典力学在原子领域中的失效所震动，因而试图在这个领域中寻找有效的理论。而玻恩的主要科学成就也确实体现在对物理学的基本原理的探究。1936年玻恩就任爱丁堡大学自然哲学教授。他对这个职位的名称很感兴趣，说物理学靠自然哲学这一名称获得了自己的尊严。在就职演讲中他说：

忙于常规测量和计算等乏味工作的物理学家都知道，他所有这些工作都是为了一个更高的课题——自然哲学的基础。

在谈到大学理论物理教学时他说，"科学研究的特征及自然哲学的一般结果应该成为通常教育的一个主要部分"，因为"如果没有哲学家的原始好奇心，任何伟大的事业都不能完成"。

但是在玻恩的心目中，物理学的地位是高于通常所说的哲学的，或者用他的话说："物理学是真正的哲学。"他认为，从物理学中得到的观念也适用于哲学，而且"我们总是要把物理学的观点置于首要地位"。玻恩亲自经历的科学革命对这种思想的形成有决定性作用。他看到，现代物理学的进步打破了旧哲学的条条框框，相对论使时空观发生改变，而量子论引起了关于因果性、主客体关系的许多争论，这些都给玻恩以深刻影响。因此，玻恩考虑哲学问题，总是强调站在物理学家的立场，以物理学中的观念为武器，讨论也往往从物理思想史角度入手。凡是其他哲学体系不能解决的问题，玻恩相信都有可能用物理学的思想去解决。限于篇幅，我们只能从几个侧面略为讨论一下玻恩的科学哲学思想。

1. 任何理论都源于观测

虽然玻恩学派"以特别擅长而且相当爱好繁复的数学表述形式而闻名"，但玻恩也十分重视认识的经验来源。据中国著名科学家程开甲先生的回忆，他曾请教玻恩什么是灵感。玻恩回答说：灵感是经验积累的结果；经验多了，就容易看到问题，发现新的事物；不存在脱离经验的灵感。

20世纪30年代，爱丁顿曾试图先验地导出基本的物理定律，特别是精细结构常数 α（1/137），米尔恩也想用纯粹思辨的方法去解开宇宙之谜。玻恩对此极为不满，专门写了《物理学的理论和实验》（1943）一书，对这两位著名英国天文学家进行了严肃的批判。历史表明，爱丁顿和米尔恩的理论确实没有多大科学价值，玻恩的批判对澄清物理思想做出了有益的贡献。

玻恩在他的这部类似科学哲学的著作中，从历史的角度考察了物理学理论和实验的关系，强调科学实验的重要性，认为科学理论都始于实验；而且任何辉煌的理论也不会是终极的，要随新事实的发现而发展。这说明没有理由可以把任何有效的概念当作是先验的。玻恩承认有科学的直觉、领悟，但他认为这也是基于经验的启示，而不是凭空产生的。在书的结尾，他写道：

我劝那些希望学习科学预言艺术的人，不要依靠抽象的理论，而应该依靠从自然文本得到的自然密码的释义——实验的事实。

2. 客观化问题

人类在认识过程中，不可避免地要遇到主客体关系问题。从中学时代起，这类问题就开始困扰玻恩。有人曾问他："你怎么知道我看到的绿同你看到的绿完全一样呢？"经过深思，玻恩很受震动，主观性的思想给他留下深刻的印象。从此，他就想知道"如何使自己摆脱主观而做到客观陈述"。他读了许多哲学家的著作，但无论是柏拉图、康德、休谟或是实证主义哲学家都使他失望。他"在任何哲学论文里都没有找到对这个问题所做的令人满意的回答"。

经过漫长的科学生涯，玻恩自信他已经能够得到关于客观化问题的正确结果。他建议在讨论中使用物理学家所用的方法，即那些对物理学发展起过积极作用的方法。例如：使用"可决定性原则"。"可决定性"是玻恩自己造的一个词，对此，他做了这样的解释：

只要某个概念是可以决定的就运用它，而不管它在某个特殊事例上能否应用。

严格地说，玻恩这句话在逻辑上是不够严谨的，他也没有进一步阐述"可决定性"这个概念的含义。不过从他所举的例子可以看出，它是指理论所用的概念的意义应该是有经验基础的，并且在经验上是可以确定的，这同玻恩的经验论倾向相吻合。

玻恩从这样一个疑问出发：客观外部世界的存在怎么能从主观的经验世界中外推出来呢？他认为，以往的尝试都是企图在一个单一的感官印象上取得一致，例如，直接决定你看到的绿与我看到的绿是否一样，这条路是走不通的。他建议换一种方法，比较同一感官的两个印象，例如，由同一个人辨别绿和另一种颜色。他认为这里就已经存在某种可以决定的可传达的和客观上可检验的陈述，"这些陈述涉及两种印象的比较，特别是相同或不相同"。他说有许多这样的成对关系，如：亮—暗、强—弱、热—冷等等。他断言如果甲认为两片叶子同色，乙也会同意两片叶子似乎是同色的。这样，陈述可以传达，并且是客观的，摆脱了唯我论。你若对玻恩上述论证表示怀疑，例如，认为玻恩所谈的人与人之间（甲与乙之间）以成对关系的沟通不是必然的，玻恩则会说你的责难的正确性是"高度不可能的"。玻恩没有对此说明理由。我们看到，玻恩在此没有运用可决定性原则，而是把论证建立在某种"可能性"的大小上。这虽然与玻恩反对必然性、反对绝对性——这我们后面要论及——的观点可以相容，但严格地说玻恩未能很好地达到目的。因为玻恩对所有解决这个问题的尝试，不论是康德的还是列宁的都不满意，这是由于"它们违背可决定性原则"。照玻恩自己的思路，这自然也可以用来责难他自己。康德主义者也可以由此嘲讽玻恩：如果观测者 A 得到测量结果 $G_1 > G_2$（若 G_i 为某物理量），玻恩要求观测者 B 也要有结果 $G_1 > G_2$，而这实际上是要求世人的观测都和玻恩一致。否则，玻恩会宣称别人的观测不对。这实际上是玻恩把他的主观经验作为客观的标准。在此我们至少可以看到玻恩并没有回避得了他想回避的两个感官（两个人）在单一的印象上（如绿色）如何取得一致的问题。这个失败也从一个侧面说明：玻恩从物理学方法中得出的可决定性原则并不像他所估计的那样有力量。

3. 因果性问题

从古至今，因果的概念一直是哲学家讨论的中心课题之一。休谟以其敏锐的思想对因果联系的必然性表示了怀疑。休谟所揭示的困难主要是归纳法的困难，任何归纳法也不能为其自身做出证明。量子力学的诞生，使这一讨论更加复杂、尖锐。

玻恩认为在日常生活中因果和机遇的观念的意义往往是含糊的。他否认现代物理学的研究放弃了因果性，也同休谟等许多经验主义者一样，认为"因果性并非指逻辑上的依赖性，而是指自然界中实在事物之间的相互依赖"。

玻恩提出因果性有两个属性：（1）居先性，即原因必须先于结果，或者至少与结果同时发生。（2）接近性，即原因和结果必须在空间上接触，或者由一系列中介事物相接触而联系起来。玻恩认为这两条属性可以把决定论和因果性区别开来。一般地说，在决定论的意义上，A 决定 B 也可以说是 B 决定 A，A 与 B 在时间上是可逆的，对因果性做居先性要求则在时间次序上有了限制，接近性则可用来防止原因前件和结果后件之间发生的其他事件，而找出事物之间真正的因果联系。

玻恩用这两条属性考察已有的物理理论，认为只有把机遇和概率的概念引入运动定律，才能保证建立满足居先原则的因果关系。而牛顿力学、柯西的连续介质力学、麦克斯韦的电磁理论及爱因斯坦的引力理论，虽然都满足了接近原则，但不满足居先原则，故仍然是决定论的理论。玻恩断言物理定律在反抗机遇侵入的交战中打了败仗，机遇不可避免地进入了物理学。如果说在经典统计中机遇还仅仅是为了方便而引入的，那么在量子力学中机遇的观念已经变成基本观念，成了第一性的，是物理学定律的组成部分，是自然的内在属性。量子力学的统计诠释为玻恩所引入，它深深地印入了玻恩的思想。

玻恩昔日的助手与合作者朗德从20世纪50年代开始发表一系列著作和论文，试图为量子理论提供一个新的基础。他反对波粒二象性，认为物质应唯一地用粒子理论处理，而光只由波动理论处理。他的前提之一是，即使对于经典力学，统计也是根本的，不仅仅是由于方便而使用的。朗德试图在此基础上建立新的量子理论。玻恩不赞同朗德对波粒二象性的这种"统一"，而坚持物质同时具有波粒二象性，说目前成功的量子理论本质上是基于这种二元的观点。不过，就朗德把他的理论建立在统计背景之上这点来说，玻恩并不反对，只是认为这样就等同于通常的量子力学，并没有提供新的东西，"这是不奇怪的，人们可以从统计假设导出与量子力学相同的理论"。

玻恩推崇玻尔提出的互补原理，他认为这条原理也是受惠于物理学。这使他认为偶然性是不可消除的,所以他说:"我确信,像绝对的必然性、绝对精确、最终真理等观念都是应当从科学中排除出去的幽灵。"

4. 玻恩和爱因斯坦关于量子力学诠释的争论

以爱因斯坦为一方的学派,同以玻尔为首的哥本哈根学派就量子力学诠释的争论,是科学史上一场最激烈也最富有哲学意义的大论战。在这场论战中,爱因斯坦一方属于少数派,玻恩属于多数派,两人的观点针锋相对,但两人的关系却非常亲密,他们的友谊始终是诚挚和亲密的。在持哥本哈根学派观点的人中,玻恩是与爱因斯坦交流最多的。1909年他们于萨尔茨堡(Salzburg)科学会议相识。1915年至1919年他们都在柏林,两人来往频繁,常在一起演奏小提琴奏鸣曲,讨论科学也讨论政治,结下了深厚的友情。1933年后两人虽天各一方,再也没能聚首,但仍书信不断,交流、讨论各种问题。爱因斯坦去世后,玻恩编辑出版了他们夫妇与爱因斯坦的通信集(1969,德文版),并由其女儿翻译出版了英文本(1971)。通信集像一面镜子,反映出两人诚挚的友谊,书中有两位科学家就科学、哲学、社会和私人生活等问题的讨论,虽有争执,却无损于友情。著名哲学家罗素对通信集评价很高,认为它极富于思想价值。

我们知道,爱因斯坦承认量子力学在物理学上的成就,而且认为它的"数学形式也是无可怀疑的"。他甚至批评玻姆等人改造量子力学的尝试,也认可玻恩对波函数的统计解释。但由此再向前一步、再深入一层,玻恩和爱因斯坦的分歧就出现了,所以说他们的分歧是富于认识论色彩的，是属于基本信念范畴的。虽然两人都认为目前的量子理论不是最终极的，不过玻恩坚信，无论如何发展，理论的统计性是不可排除的，而爱因斯坦却希望回到物理学的严格因果性和以时空来描述物理定律上来。

两人对世界的理解也有不同之处。爱因斯坦坚信有离开人而独立存在的外部世界。玻恩虽然承认外部世界的存在，但他认为不必去构造一个包罗一切的世界图像，而常以互补原理为标准去谈一种二元论的哲学。运用互补原理的一个重要结果是：一种主观性被引入物理学，而且无法消除。

同上面分歧相关的，是他们的科学方法的不同。主要因为爱因斯坦是个唯理论者，而玻恩则倾向于经验论。在玻恩看来，20 世纪物理学革命所取得的成就都是经验论方法的成就。玻恩认为，爱因斯坦晚年抛弃了他在创建狭义相对论时所用的经验论方法，而更多地进行远离实际经验的思考。玻恩说：

> 正是对先验力量的信任使爱因斯坦脱离实际的物理研究，而进入与实际很少联系的高度推测。

就是这样，不同的信念、不同的思考方法把爱因斯坦和玻恩从思想上分开了。他们论点的正确与否还有待于物理学的发展去检验，他们激烈争论而不影响私人感情却早已传为美谈，为后人树立了楷模。

六、为世界和平而奋斗

玻恩虽然经历过第一次世界大战，并在军队中有过三次短期服役，但很长时间玻恩都是一个纯学者。他徜徉在科学的乐园里，并且认为科学家应该如此。他在 1936 年明确地表示，科学研究不是为了金钱和权势，而是为了好奇。他说：

动机不是那披上了魔术的神秘外衣下的对金子的贪欲，而是科学家纯粹的好奇心。因为一开始就很清楚，我们的目的不是想发财。

在与爱因斯坦的通信中，玻恩夫妇也曾流露出他们相信"娴静的科学殿堂"。

不过，生活毕竟不是在真空里，政治风暴打破了科学殿堂的宁静。20 世纪 30 年代，纳粹在德国的兴起，不但结束了德国科学的黄金时代，也使整个德国陷于恐怖、疯狂之中，一步步走上了自我毁灭的道路。1933 年 4 月，有犹太血统的玻恩被迫停止了他在格丁根大学物理研究所的领导职务。1933 年出版的他的光学教科书也被禁用。1933 年 5 月，玻恩一家不得不离开德国，而他在德国的私人财产也被没收了。

玻恩一家先在意大利的南蒂罗尔找到了第一个避难所，不久收到了其他国家的邀请。最后他接受了卢瑟福的邀请去了英国剑桥大学，但他的职位仅是讲师。三年后的 1936 年，他转到爱丁堡大学任自然哲学教授,其研究条件仍不能同在格丁根时相比。1936年玻恩被选为英国皇家学会会员,1939年他又加入了英国籍,但英国的原子能委员会并没有让他参加,说明英国对他的信任是有所保留的。

第二次世界大战期间,不仅玻恩夫妇深受背井离乡之苦,他的亲友也多受到残酷迫害,许多还死在集中营里。战争还损害了科学家们的友谊,玻恩对此感触很深。卢瑟福就拒绝同流落英国的德国化学家哈柏见面,因为在第一次世界大战期间,哈柏发明的毒气被用于了战争,卢瑟福不愿意和这样的人握手。科学家中也有败类,德国的两名诺贝尔物理学奖获得者勒纳德和斯塔克紧跟纳粹,无耻地反对所谓"犹太物理学"。更为惊人的是:1945年8月6日和9日,美国在日本的广岛和长崎投掷原子弹,死伤居民20多万!

这些都迫使玻恩反复思考,重新考察科学。他认为他那种无私追求真理的乐观主义热忱被严酷的现实动摇了。他对自己过去的单纯感到惊讶,开始认识到科学家应该具有强烈的社会责任感。于是,他与许多伟人,如爱因斯坦、罗素等一起,为新的道德规范、为世界和平而奔走呼号。

1953年,玻恩年过70,从爱丁堡大学退休。虽然他已入英国籍,但还是回到德国,定居在离格丁根不远的巴特皮尔蒙特。据他的儿子说,玻恩返回德国的一个目的是想阻止西德进行核装备。玻恩在谈到此事时表示,他当时认为在宣传反核武器方面回德国能比留在英国有用得多。因为英国人民在政治上比较成熟,而德国法西斯摧残了德国的民主,更需要有人去宣传民主精神。

玻恩参与了一系列社会活动。他在1955年的"罗素-爱因斯坦"宣言、"迈瑙宣言"，1957年的"格丁根宣言"等反战宣言上签了名，他还参加了1957年的帕格沃什和平会议及1961年的奥斯陆反核会议。玻恩是美国"科学社会责任协会"会员，也是1963年秋罗素发起的和平基金会成员。

玻恩还通过各种新闻媒介呼吁和平，在致友人的信中也总离不开这类话题。例如，他晚年与黄昆先生的通信中，总是提到反对制造和使用核武器。的确，如果说1953年玻恩退休意味着他的科学生涯到达晚期，那么他的社会活动却才刚刚开始。他用物理学家的眼光审视世界，对许多社会问题做了极有见地的分析，从而将余生献给人类的和平事业。有人比较了玻恩和玻尔，认为玻尔采取的是同政府合作的方法，用自己的思想去影响政府，而玻恩则是以写作、演讲，通过公共舆论来影响社会。

1970年1月5日，玻恩于格丁根去世，享年88岁。他葬在格丁根近郊的公墓中，量子理论揭幕人普朗克也长眠于此，墓碑上刻着他所发现的著名公式：$pq - qp = \frac{h}{2\pi i}$。

他的学生梅耶夫人评价说：

> 玻恩是那一代伟大物理学家的最后一位，玻恩的逝世是一个时代的结束。他们发展了原子结构理论，看护并发展了初期的量子理论，使它最终成为我们今天所知道的量子力学。

玻恩一生著作等身，成果累累。发表了 280 多篇科学论文，内容涉及相对论、量子论、晶格动力学、液体理论、超导理论、光学理论等领域。他编撰了 20 多本科学著作，其中有的成为科学的经典著作，如《原子力学》（1927）、《晶格动力学理论》（1954）、《光学理论》（1959）等；有的则是重要的科学哲学论著，如《物理学中的实验和理论》（1943）、《关于因果和机遇的自然哲学》（1949）等；也有科学普及读物，如《爱因斯坦的相对论》（1924）、《不息的宇宙》（1935）等；还有自传性的回忆录，如《我的一生和我的观点》（1968）、《我的生活》（1978）等。

作为教师，他为培养青年一代物理学家做出了重要贡献。他直接培养的博士生有梅耶夫人、约丹尔、奥本海默等人，先后给他当过助手的有海森伯、泡利、斯特恩、洪德、黄昆等，另外，还有很多合作者，大都是取得了优异成果的杰出物理学家。

所有这些贡献使他成为现代物理学名副其实的一代宗师，正像著名科学史家科恩所说的那样，玻恩博得了科学界，特别是 20 世纪三四十年代学习物理学的那一代人的特殊尊敬。玻恩之所以受到广大社会公众的尊敬，还由于他有高尚的人品、热爱和平且为了人类的幸福而孜孜不倦的奋斗精神。

（作者：熊　伟）

玻尔

哥本哈根的科学巨人

玻尔
(Niels Henrik David Bohr, 1885—1962)

物理学的 20 世纪，确实是从 1900 年开始的。这一年，普朗克在辐射问题的研究中引入了量子概念。在向微观领域的大进军中，玻尔和他率领的哥本哈根学派为原子物理和量子力学的创立做出了最重要的贡献，半个多世纪以来一直居于主导地位。玻尔所代表和培育的哥本哈根精神，开创了科学合作的新风。玻尔的影响是深远的。他在自己一生的科学实践中，自觉地把哲学认识论和创立科学理论有机地结合起来，不断挖掘和揭示量子作用所蕴含的物理及哲学意义，从而使他的科学思想的影响远远超出了他所从事的学科范围。

玻尔和爱因斯坦一样，不愧为 20 世纪物理学最伟大的科学家。

一、从"特殊的孩子"到博士

"我，克里斯仙·玻尔和艾伦·艾德勒之子，1885 年 10 月 7 日生于哥本哈根。"玻尔在他那仅用了 1500 字的自传开头处这样写道。

玻尔家族在哥本哈根文化界颇具声望，玻尔的祖父是语言学博士，父亲是哥本哈根大学的生理学教授。玻尔和弟弟哈拉德·玻尔志趣相投，并肩成长。玻尔的数理成绩虽然优异，却也没有表现出过人的天赋。兄弟俩相比，一般人都认为弟弟哈拉德更为出色。哈拉德后来成为了著名的数学家。

玻尔在家中被看成是"特殊"的孩子。他生性腼腆、不善表达，但待人友善且态度平和，同时又有一种事无巨细力求完美的顽强进取精神。虽然他说起话来嗫嗫嚅嚅，但面对问题时思维却异常敏捷。幼年求学时期，在课堂上回答问题时，他在黑板上的书写速度远跟不上他说的和想的，常常是刚写上去的数字和公式，人们还来不及仔细看就又被他擦掉了。在一次美术课上，小玻尔交上了一幅住宅写生画，画上的一石一树都看得出11岁小作者那股认真细致的劲头，更令人惊奇的是，画面上的篱笆桩柱数目竟然与实际情况一根不差！

玻尔求学成长的年代，正是物理学的"动乱之秋"。经典物理学不断受到新发现的冲击，与此相应，哲学上的机械唯物论的认识论也逐渐被人抛弃。玻尔父亲的研究课题是生理现象的物理基础，这使得他经常思考一些深奥的哲学问题。他和几位朋友——其中包括哲学家赫弗丁、物理学家克里斯坦森和语言学家汤姆森等——经常轮流在各家聚会，共同探讨互相关心的问题。当聚会在玻尔家举行时，少年玻尔会在旁边默默地坐上几个小时，静静地听着大人们相互交流意见。

1903年，18岁的玻尔进入哥本哈根大学，主修物理学。而在选修课表中，他首先填写的是哲学和逻辑学。赫弗丁讲授哲学课的特点是：全面介绍各派哲学思想，注重提出问题的角度和思考过程，而不要求学生只记住某些结论性的语句。而物理学教授克里斯坦森在教学中兼顾英、德学术传统，既重实验又重理论。物理学和哲学成了玻尔大学时最喜爱的两门课。

1907年，大学生玻尔用自行设计的水柱振动法测定水的表面张力，验证了瑞利理论，获得了丹麦皇家科学院的金质奖章。四年以后，26岁的玻尔获得哥本哈根大学博士学位，论文题目是《金属电子论》，论文答辩仅仅用了一个半小时。在工作中，他发现经典电动力学的应用具有有效性和局限性两个方面，并且对J. J. 汤姆孙的某些见解提出了异议。当时汤姆孙是这方面的主要权威，因此玻尔完成哥本哈根的学业以后就在卡尔斯堡基金会的支持下，于1911年9月到英国深造。玻尔对于即将与汤姆孙会见和即将开始的科研工作充满了热望。然而事与愿违：玻尔满心希望与汤姆孙进一步讨论电子论问题，特别是想听听汤姆孙对他的不同看法有何意见，但汤姆孙对此毫无兴趣。他精心写作的论文，被汤姆孙不置可否地搁置了起来，想发表论文英译本的努力也落空了。

1911年10月，卢瑟福出席卡文迪许年会并报告了自己的原子模型。卢瑟福的人品及学术报告给玻尔留下了深刻的印象。11月，玻尔到曼彻斯特会晤了卢瑟福，两人商定了玻尔到曼彻斯特卢瑟福实验室工作的计划。

二、玻尔的原子理论

冬去春来，1912年3月玻尔到了卢瑟福实验室。当时曼彻斯特讨论的中心是卢瑟福的原子有核模型。玻尔转入原子结构的研究后，很快认识到新模型的深远意义，认为它"奠定了一个全新的发展基础"。玻尔指出卢瑟福模型将使物质性质的分类大大简化，放射性辐射起源于原子核，而化学性质则取决于核外电子，根据新模型有可能对元素周期表做出解释。并且，玻尔还提出了关于同位素和放射性元素位移律的基本想法。

但是一个严峻而急迫的难题挡住了卢瑟福原子模型进一步发展的道路，那就是它还缺少一个理论支柱。按照经典理论分析起来，卢瑟福原子模型是一个说不通的结构。因为带负电的电子绕核旋转时，应当不断地辐射出能量，从而成螺旋形急速地向原子核"陨落"，在远远小于 1 秒钟的时间里，原子就会坍缩掉。然而，实际上原子却是稳定的，并没有表现出任何"崩溃"的迹象。

玻尔认为，卢瑟福原子结构探测实验所使用的 α 粒子的大角度散射，只能用它和原子核的直接碰撞来解释，并且卢瑟福对散射到某一角度的概率所做的预言，已被盖革和马斯顿的实验所证实。经典理论的一种根本性限制已由普朗克发现量子而揭示了出来。玻尔得出了自己的结论：这里需要抛弃的不是卢瑟福模型，而是经典物理对它的分析，"只有量子假说是逃脱困境的唯一出路"。

玻尔在卢瑟福实验室度过了四个月的难忘时光。正是在这里，玻尔与卢瑟福开始建立起终身不渝的友谊并且确立了自己的学术方向。

1912 年 7 月底，玻尔回到哥本哈根与玛格丽莎·诺伦德结婚。玛格丽莎·诺伦德的品性、多方面的知识和全心全意支持丈夫的献身精神，使她成了玻尔终生生活和工作的忠实伴侣。

玻尔回到丹麦后，就任哥本哈根大学助理教授，讲授热力学的力学基础等课程。与此同时，他主要着手总结自己在曼彻斯特工作时形成的学术思想。1913 年初，玻尔抓住了光谱学的线索，这使他的原子理论发展到了一个决定性阶段。从原子只发出特定频率的光这一事实，玻尔推测电子不能任意地改变轨道，只能处于某些特定的轨道上运行。据此，玻尔写出了自己的论述。1913年3月、6月和9月，玻尔先后给卢瑟福寄去了论述原子和分子结构的三篇论文，提出了和经典理论完全违背的两条假设。一是在经典力学所允许的无穷多的电子轨道中，只有某些角动量满足一定量子条件的分立轨道才是允许的；同时和麦克斯韦理论相反，电子在这些轨道上即使做加速运动也不发光，且每一轨道具有相应的能量。这就是有名的"玻尔轨道"概念。二是原子辐射的发出和吸收是电子在两轨道之间的量子跃迁所致，两轨道之间的能量差决定了发光的频率(或光子的能量)。这三篇论文经卢瑟福推荐发表于当年的《哲学杂志》，成为原子物理学的划时代文献。玻尔的以分立定态概念为基础的原子理论，不但成功地解释了氢光谱，使原子物理和光谱学结合起来，而且确立了量子在微观世界中的地位，使原子结构真正变成了科学中一个生动的富有成果的新领域。由于这种开拓性贡献，玻尔获得了1922年的诺贝尔物理学奖。

玻尔的原子理论现在已为人们所熟知，但是在其刚问世时，玻尔在1913年9月的伯明翰会议上报告自己的原子理论，与会的大多数著名科学家都对此持审慎的保留态度，然而这场争论很快就以新理论的胜利而告终。玻尔指出匹克灵线实际上是氦光谱而不是原先所认为的氢光谱，他还建议卢瑟福实验室做些实验工作。不久，福勒和伊万士就以实验证实了这一点。这也是促使爱因斯坦态度转变的关键。据把这个消息报告给爱因斯坦的赫威西说：爱因斯坦听着，他的大眼睛似乎更大了，说"那么，这是最伟大的发现之一"。玻尔从理论上推出了巴耳末经验公式，并以万分之二的高精度计算出里德伯常数，这震惊了整个科学界。1914年，詹姆斯·弗兰克和古斯塔夫·赫兹用电子轰击气体，从实验上证实了原子能级的量子性，这意味着玻尔理论获得了重大成功。弗兰克和赫兹两人也因此获得了1925年的诺贝尔物理学奖。

创新乃是科学研究的灵魂和本旨，然而当旧理论出现危机时，多数人的态度却往往是自觉或不自觉地想方设法去维护它、修补它。玻尔在解决经典理论与卢瑟福原子模型之间的矛盾时，以出众的胆识和过人的慧眼，大胆地采用了新的量子化假设，依靠理论推理和实验事实两个支撑点，终于获得了出人意料却又在情理之中的创新成果。

三、探索的道路

1913年以后，越来越多的物理新秀云集于原子物理学领域，集中研究玻尔理论提出的问题，并通过实验推动它进一步发展，人类关于微观原子世界的知识迅速增长。同时，光谱学的新发现也不断向玻尔理论提出新的问题。玻尔密切地注视着理论和实验的进展情况，他意识到必须把电子在圆形轨道上绕核旋转的概念推广到比简单周期运动更为复杂的运动上去。玻尔还想到应当写一篇综述性的文章，对自己的理论及最近的发展形势做一个总括。

为了更深入地研究原子稳定状态的量子条件，玻尔考虑了各种可能性，反复进行计算。1916年9月，他给卢瑟福的信中说："干了整整一个夏天，这烦人的问题还看不到底。"玻尔设想在圆形轨道的同一区域，可能存在椭圆形的第二稳定轨道，但这种想法刚刚取得一些进展，索末菲就发表了自己的研究成果。索末菲推广了玻尔的量子条件，并引入相对论效应而且部分地解释了光谱的精细结构问题。玻尔撤回了自己正在付印的文章，赞扬索末菲的论文是自己见过的最好文章。当玻尔稍事休整，沿着把量子条件普遍化这一方向继续进军时，又被埃伦费斯特抢了先。原定要写的综述性文章——"线光谱量子论"，经过了多次修改，而每一次都发现有需要进一步探讨的新的可能性和更清晰的表达观点的方法。一直到1918年5月，玻尔才发表了论文的第一部分。而到了1922年为止也只刊出了前三部分。玻尔在文章中对自己的理论进行了总结，并与克喇末一起给出了一般的量子条件。

玻尔理论提出后，物理学出现的这种日新月异的发展形势，充分说明了玻尔理论的历史性功绩。该理论很快就被综合进入新物理学的知识宝库之中，成为物理学家们进一步探索的基础。今天回首玻尔的科学发现路径，可以看出，他首先是从光谱学的数据中得到了发展自己原子理论的决定性启示，同时又结合了卢瑟福原子模型的发展，最后还接受了普朗克和爱因斯坦的量子化观念，将这三个方面结合在一起，才得到了自己的创见。这种善于把各种有用的力量汇集于选定的突破口上，博采百家、自成一体的风格，在玻尔一生的科学活动中表现得十分突出。以精细的光谱分析为基础的玻尔理论，使整个化学面貌为之一新。1922年，考斯特和赫威西正是在玻尔的直接指导下从锆化物中发现了 72 号元素，他们根据哥本哈根的古名把新元素命名为 Hafnium，汉译为铪。

玻尔理论为打开未知的原子世界奠定了基础，但真正要掌握原子世界更多的奥秘，探索的道路仍艰难而曲折，正如玻尔经常说的：

> 哪儿是路？没有路，我们正在进入一个漠然无知的新世界。

玻尔理论虽然成功地说明了氢及类氢原子光谱的一些现象，可对像谱线明暗亮度这样明显的事实却依然说不出个所以然来。同时，人们对于经典理论与量子假设相混合的辐射新概念，也一直感到难以理解。为了回答实验提出的挑战和人们的质询，玻尔在1918年开始构思他的"对应原理"以协调经典理论和量子假设之间的关系。他提出在较大量子数的场合，经典理论描述应和量子描述大体相符。按照经典理论，辐射强度可以由振子振幅来计算，考虑到跃迁取决于受激振荡的振幅，玻尔指出经典理论应能说明量子跃迁的概率。但从根本上来说，玻尔理论属于某种过渡性理论，并没有对经典理论进行根本性的改造，而只是对它加了一些限制。到 20 世纪 20 年代初，玻尔理论已被发展得非常复杂，漏洞也越来越多。情况正如玻尔 1922 年在诺贝尔获奖演说中所讲的：

> 现有关于原子的知识只是开始，还有许多基本问题尚

待澄清。

毫无疑问，玻尔理论本身仍面临许多困难，当时形势正如泡利所说："物理学再一次被阻塞住了，阻塞得很厉害……"然而，物理学很快冲决了这种阻塞，并以一泻千里之势冲入了创建量子力学的英雄时代。

四、哥本哈根理论物理研究所与量子力学的英雄时代

美国著名物理学家、第一颗原子弹制造的总设计者奥本海默在回顾量子力学建立的历史时，高度评价了玻尔在其中所做出的历史性贡献。他说：

> 量子理论起源于本世纪初，而其伟大的综合性和决定性的成功是在 20 年代。量子力学的建立不是哪一个人的功绩，而是来自不同国度的许多科学家共同努力的结果。然而从开始到结束，玻尔那种充满创造性的深刻思想和敏锐、长于批判的精神，始终指引着事业的发展，直到最后完成。

玻尔一向认为"所有科学的进步取决于合作"。早在 1914 年，玻尔应卢瑟福之邀第二次到了曼彻斯特，主持舒斯特讲座。1916 年玻尔接受了哥本哈根大学理论物理学教授的职位。当他离开英国回国时，已经在心中酝酿出了自己研究所的"模型"：不是任何人的

私有领地，而是具有生动活泼的学术气氛，是充满合作意识的各国科学家献身科学的场所；理论应与实验密切结合，实验手段应当先进，但不必求装备之庞大和华丽。在丹麦政府、商界和朋友的资助下，经过两年筹建，哥本哈根理论物理研究所在1920年9月15日正式落成。

早期到研究所工作的有克喇末、克莱因、赫威西等人。在量子力学创立时期，几乎每一个重大进展都或多或少与哥本哈根有关。1922年秋，泡利到哥本哈根进行长时间的研究访问；1924年以后，海森伯经常在理论物理研究所工作；1926年，薛定谔波动方程发表后，几乎所有的欧洲著名理论物理学家都纷纷赶到哥本哈根与玻尔讨论它的更深含义；而当年秋天薛定谔也到此亲自做了自己的工作报告，狄拉克来这儿说明了变换理论……

玻尔毕生担任哥本哈根理论物理研究所所长，经常有五六十名外国学者在研究所里工作，有人统计全世界有30多个国家的近千名科学家都或长或短在哥本哈根工作过。

玻尔是个谦虚的人。他的谦虚是出自对追求真理的深刻信仰，所以一方面他可以在讨论时滔滔不绝地议论，与人争得面红耳赤；另一方面他也能在1951年的一次回顾量子物理发展史的长达两个多小时的报告中，高度评价许多人的工作而只字不谈自己。

玻尔是个不抱偏见的人。他与当时物理学界各派人物都保持着经常的联系和良好的个人关系。他以极大的热情关心自己周围的所有人，力求使自己的思想跟上理论物理研究所内各项工作的进展，还善于在讨论时发现他人宝贵思想的闪光点。

除具有这种能力以外，玻尔还具有一种献身精神，愿意去做培养人的艰苦工作。他不遗余力地吸引后学，尊重青年人的首创精神，认为这是科学发展的动力所在。他在理论物理研究所成立大会上发表讲话说：

> 谁也不能对科学的未来做出肯定的许诺，因为新出现的障碍只能用十分新颖的思想去克服……随着青年一代成长和对他们的培养，新鲜血液和新鲜思想会不断注入到科学研究之中，从而让大家注意从新的角度来考虑问题。

1922年夏，玻尔到格丁根讲学，索末菲特地从慕尼黑赶到格丁根，并带来了他最好的学生海森伯。这次讲学很著名，被人称为"玻尔的节日"。在讲课中，海森伯常站起来对玻尔的某些结论提出异议，玻尔不以为忤，反以为喜，很快就和这个比自己小16岁的青年学生成为好朋友。会后，他们二人一边散步，一边继续讨论各种问题。后来泡利也加入进来。玻尔对这两位年轻人的勇敢探索精神和独立见解感到欣喜，邀请他们去哥本哈根工作。1922年泡利到了哥本哈根理论物理研究所，在玻尔指导下研究反常塞曼效应。关于泡利在哥本哈根工作时期的收获，多年后他获得诺贝尔物理学奖演说时回忆说，最初在哥本哈根工作的日子对他在1925年提出不相容原理是具有决定性意义的。1924年的复活节，海森伯也来到了哥本哈根，和克喇末一起运用玻尔的对应原理来研究色散问题，而沿这一方向深入探讨的结果是矩阵力学的诞生。

确实，在建立量子力学中立下丰功伟绩的新一代科学英豪，绝大多数都是二十多岁或三十出头的年轻人，甚至年龄略大的薛定谔也不到四十岁。当时，这些人当中最核心的几位，包括海森伯、泡利、狄拉克等人，都先后聚集到了哥本哈根和格丁根这两个轴心周围，一方面是被玻尔原子理论所取得的巨大科学成就吸引，另一方面也受到玻尔个人人格魅力和严谨治学态度的感召。这些年轻人既不迷信经典物理学大师，也不盲从近代的物理权威，但他们喜欢与玻尔交流和工作。实际上，可以说在当时享有盛誉的物理学家当中，只有玻尔和玻恩等少数几个人真正投身到创立量子力学的时代洪流当中去，和年轻的新一代科学探索者一起共享胜利的喜悦，也分担受到挫折时的懊丧。

玻尔在科研之外，是个爱好生活、乐观幽默的人，他主持的哥本哈根理论物理研究所在工作时既紧张又充满了亲密的欢乐气氛。工作之余，玻尔经常和青年们一起背上背包或驾起帆船去旅行，很多物理问题和哲学思想的讨论就是在旅途上或在小客栈里进行的，工作与生活既是分开的，又常常联系在一起。

在量子力学创立过程中的短短几年时间，物理学家就完成了从物理思想到数学体系的建设。在那些紧张的岁月里，玻尔和他的研究所有时候可以说是不分昼夜地工作。新思想、新观念是如此之多，而且每一个都有可能发生"雪崩"，又会引出一系列的新疑问和新见解，源源不断、没完没了。在这种情况下，辩证性综合判断和批判的眼光，就成为决定性因素。当时在哥本哈根流行一首歌，歌中唱道：

> 伟大人物尼尔斯·玻尔，从一切虚假的足迹里认出正确的道路。

量子力学对微观世界的时空描述与经典物理学有着极大的不同，这不但在科学上形成了对经典学说的突破，实际上也带来了更深层次的哲学基础上的困扰。首先，在人们头脑中根深蒂固的、在某种意义上已经作为客观规律代名词的决定论的因果性遇到了挑战，理论预测失去了决定论的意义，而变成统计性概率论，科学似乎失去了精确性，这对经典理论的拥护者而言，简直就是灭顶之灾。其次，微观世界离人们日常经验如此之遥远，呈现在人们面前的只是些间接的信息和数学符号及方程式，而且现实世界也消失了，只剩下一些概率和可能性。诸如此类的基础问题，导致人们对量子力学数学形式后边所蕴含的物理意义完全模糊不清，这些新的科学思想与人们所熟知的经典科学常识如此地截然不同，颠覆了人们过去的信念，使人惶恐不安。玻尔分析研究了这种形势，认为要结束思想上的混乱局面，就必须破除旧的理论基础，提出和建立新的哲学基础和科学信念。

玻尔此时所思考的哲学新观念，就是后来被人们称为"互补原理"的思想。当然，为人谦逊的玻尔本人其实很少用"原理"一词来表达自己的思想，他总是使用"互补性"和"互补关系"这样的说法。虽然玻尔大概在 20 世纪 20 年代中期就开始了自己的哲学思考，但真正提出互补性思想还是在稍晚的 1927 年。

1927年，海森伯提出了他的"测不准原理"，认为普朗克量子作用的存在使得对于诸如速度和位置之类的共轭量之测量不能同时无限精确，由此产生了对于波粒二象性本质的很多讨论。以此为契机，玻尔又从认识论上概括了测不准原理和当时微观物理学的新经验，在1927年9月科摩的国际物理学会议上正式提出了他有名的"互补性"认识论。

玻尔强调经典物理学概念（如粒子概念、波动概念等）的有限适用性，但是为了无歧义地整理我们的经验，又必须采用这些概念来描述微观物理现象。如微观客体的波动性和粒子性在经典物理学中是不能相容的"互斥"概念，但波粒二象性对于微观现象却具有一种"互补"的性质。两种经典概念同时应用，理论预测就必然只能是统计的。同时，量子作用的存在使得对客体的无干扰观测成为不可能，因而对微观现象的全面描述就必须与其相应的确定实验条件相联系。这就是玻尔"互补性"（或姑且称为"互补原理"）的基本内容。

这个思想非常重要，因为它直接"冲击"了千百年来作为西方思维之金科玉律的因果原理，深刻影响了几代科学家的理论思维方式，成了多数物理学家诠释量子物理学之数学表述形式之内涵（统计诠释或"哥本哈根诠释"）的基本依据。但这个思想并不太容易理解：第一，如前所述，它冲破了传统的因果思维逻辑，发展出一种新的逻辑。这种新逻辑就是针对所要阐述的全新关系而言的。按照玻尔的意见，彼此互补的两种事物，除了他所指出的既互斥又互补的那种"史无前例"的特殊关系，不可能再有任何别的内在联系。特别是，不可能用任何其他方式把它们结合成一个无矛盾的统一体。在新的形势下，只有这种全新的互补关系，而不再有任何其他的关系，这也是一种新的逻辑自洽。第二，"互补性"这一新概念从一开始就与量子物理紧密结合在一起，在量子理论（包括量子力学和量子场论）的物理诠释中得到了最成功的应用。所以，要理解玻尔的"互补性"思想，也必须结合其在量子力学中的应用。因此，不熟悉量子理论的形式表述，恐难以理解玻尔的"互补性"哲学。说到底，玻尔的物理哲学应该是个比较专用的哲学，并非放之四海而皆准的一般性哲学。第三，玻尔在这类哲学命题上的论说向来是高度"非公理化"的风格，也可以说是非常平易近人、循循善诱且又充满辩证的，总是抓住个话头儿就开始谈论，并不先下个什么"定义"和"假设"，只管侃侃而谈或娓娓道来，到最后告诉听众这就是"互补性"。他从来不肯把自己的和别人的思想纳入一个死硬的"构架"之中，当然他也谈论"构架"，只不过他对"构架"的理解显然和专业哲学家们的理解不太相同，但他又坚持自己的风格，以致谈论了一辈子"互补性"，却从未给它一个明确的普遍的成文定义。这种情况，对于那些习惯于"公理化"思维方式的人们肯定是大为困惑的。然而，很可能玻尔却认为，用"公理化"方式去理解互补性，反而不可能达到真正的理解。玻尔后来的得力助手之一、比利时物理学家 L. 罗森菲耳德曾经解释说"互补性"观点是研究如何适当使用语言的学问，而非利用符号逻辑的手术刀进行解剖的学问，不可进行教条式的理解。

值得指出的是，有些人望文生义，将玻尔的互补性哲学思考与中国传统道家的阴阳图联系起来，认为玻尔是受了中国传统哲学的启发而产生了这个思想。这实际上纯粹是个误解，因为玻尔本人从未在任何场合或任何文章中这么说过，而且他也没什么机会受到中国传统哲学的影响。另外，玻尔虽然具有良好的哲学素养，但他自己的哲学思想与他的原子理论一样，是自己的一个独创，也许曾经受到过很多前辈哲学家的影响，但却没有一个明显的继承关系或清晰的源头。只有一个思想是明确的，那就是他始终坚持的实在论观点。

还在1922年，当玻尔接受诺贝尔物理学奖，并发表题为"原子的结构"的获奖演讲时，他就这样说道：

> 原子理论的当前状况是以一个事实为其特征的，那就是，我们不但相信原子的存在已经不容置疑地得到证明，而且我们甚至相信自己具有了关于个体原子的组成部分的详细知识。

基于玻尔思想的量子力学哥本哈根诠释，1929年10月在第五届索尔维会议上被多数物理学家接受，确立为量子力学的正统解释。然而，量子力学的这样一种发展结果，从一开始也受到了包括爱因斯坦在内的一些物理学家的反对，从而在以玻尔为首的哥本哈根学派和爱因斯坦以及其他反对派之间爆发了科学史上长时间的哲学意味最浓的大论战。

五、关于量子力学本质问题的论战

1926 年，薛定谔到哥本哈根报告自己所创立的波动力学，受到了热烈欢迎。但他在报告最后提出的放弃量子跃迁概念而代之以三维空间波的见解，引起了一场轩然大波。玻尔等人当即与薛定谔展开了激烈的论争。薛定谔不赞成哥本哈根诠释，他甚至说：如果早知事情会是这种结果，他根本就不会报告他的波动方程。在哥本哈根学派内部，观点的不同也是时时存在的。玻尔曾与海森伯就互补原理讨论了近两年的时间，而且两人的理解未必取得了完全的一致。泡利更是具有强烈的批判精神，他从不顾忌发表自己的见解。而为了解决朗道所提出的电磁测量问题，玻尔和罗森菲耳德曾用去了 1931—1933 年的大部分时光。然而，对于爱因斯坦的态度，玻尔却甚为震惊和失望，并为没能说服爱因斯坦信服量子力学的概率解释而抱憾终生。

爱因斯坦对于废弃严格的因果性一直感到不满，他坚信基本理论不应当是统计性的，他说："上帝不会是在掷骰子。"爱因斯坦指责玻尔的互补原理是一种"绥靖哲学"。他认为概率解释的后边应当有更深一层的关系，应当能够揭示微观世界的因果性联系，所以他在第五届索尔维会议上宣布支持德布罗意的导波理论。在 1930 年 10 月的第六届索尔维会议上，爱因斯坦提出"光子箱"向玻尔挑战。经过一个不眠之夜的紧张思考，在第二天的会议上，玻尔指出在"光子箱"中爱因斯坦忽略了他自己的"红移"理论。玻尔多次把量子力学和相对论加以比较分析，但结果也只是使爱因斯坦放弃了从逻辑的自洽或一贯性方面来反对量子力学，转而攻击量子力学是一个在自然对象的描述方面不合格的、不完备的理论。1935 年，爱因斯坦和波多尔斯基、罗森一起提出的 EPR 悖论，使这场论战达到了高峰。1949 年纪念爱因斯坦 70 大寿，玻尔发表文章，系统阐述了自己的观点，并对与爱因斯坦的论战做了总结。对此，爱因斯坦写了《对批评的回答》一文继续争论。

为了把玻尔等人的"实证论撕得粉碎"，爱因斯坦做了多方面的尝试，然而这些工作都没有成功。不过，在爱因斯坦看来，"对真理的追求比对真理的占有更可贵"。随着时间的推移，现代科学的发展使因果性更加远离严格决定论的经典概念，而对于时空描述，也提出了微观、宏观和宇观时空性质是否相同的问题。

在爱因斯坦死后，玻尔在心中仍然和爱因斯坦继续争论，因为带有爱因斯坦深刻思想的反对意见往往能使玻尔更全面地考虑问题，迫使他努力把自己的思想表达得更为简明确切。在这场科学哲学大论战中，爱因斯坦和玻尔不仅给人们留下了宝贵的思想财富，而且给人们留下了真正科学论战的高尚风格。他们怀着追求真理的共同目标，表现出顽强的探索精神。他们互相尊重，认真考虑对方的学术思想，针锋相对又友好诚挚地进行辩论，不但促进了量子力学及其哲学诠释的蓬勃发展，而且给后世留下了很多有价值的研究命题。比如，关于 EPR 悖论的讨论，对今天基于量子纠缠现象的量子加密和通信，就产生了巨大的启示和推动作用，这倒肯定是两位科学巨人当年始料之未及的。

这场大论战也未因玻尔逝世而结束，或许若干年后的科学实践和理论将会表明，这两位科学巨人的思想也是"互补"的，二者思想的合理内核都将会被更新的理论概括进去。

六、原子弹与和平奖

20世纪30年代，玻尔把注意力也集中到了突飞猛进的核物理领域。当时流行的势阱模型对费米等人的慢中子实验做不出满意的说明。1936年玻尔提出了复合核概念，把核反应分成入射粒子被俘获，形成复合核及复合核衰变这两个过程，他形象化地把原子核类比为液滴。玻尔的液滴模型和复合核理论在解释核裂变上取得了重大成功。1938年哈恩和斯特拉斯曼在用镭铍混合物生成的慢中子轰击铀核时，在核反应产物中发现有少量的钡，他们对此感到迷惑不解，便寄信给他们的老同事、女物理学家迈特纳请教。当时作为犹太人的迈特纳正在逃避纳粹的迫害，她在玻尔的帮助下几个月前才移居到瑞典，而她的侄子弗里施则到了哥本哈根跟随玻尔工作。迈特纳和弗里施在圣诞节时得到了这一消息，他们立即用玻尔的理论对实验进行了分析：铀核在俘获了轰击中子后，核"液滴"产生振荡、变形，当椭圆形液滴拉长使核力超距不能发挥作用时，铀核"液滴"便在"蜂腰"处一分为二。后来他们根据细胞学的名词，给这种过程起了个名：裂变。当弗里施兴高采烈地赶回哥本哈根向玻尔报告时，玻尔仅剩下几分钟的时间就要上车去美国旅行了。玻尔用手拍着前额说：

太好了，事情本该如此的。我们以前怎么没有想到呢？

玻尔嘱咐弗里施立即着手进行实验验证并赶快写出报告。当玻尔抵达美国时，弗里施报告成功消息的电报已经在等着他了。1939年，玻尔与惠勒一起发表了核裂变理论，玻尔进一步指出只有 U^{235} 才能被慢中子裂变，为释放核能指明了方向。

就在此时，欧洲大陆上空却是阴霾密布，战争的气氛越来越浓。为躲避纳粹法西斯的迫害，许多科学家来到哥本哈根寻求玻尔的帮助。玻尔和他的研究所投入了紧张而又费心的救援活动。在德寇占领丹麦前，玻尔和研究所内的科学家曾站在生产线上制造备战时急需的医疗用品；在德寇占领丹麦后，玻尔拒绝与入侵者合作，并和地下抵抗组织保持密切的联系。1941年，玻尔勇敢地承担了为《丹麦文化》文集写序的工作。在占领期间，人们对这种事既担心又寄以很大希望。玻尔用了两个月的时间写这篇序言，10页的篇幅，修改了12次。这篇序言可以说是玻尔于1938年在哥本哈根人类学与人种学国际会议上所做报告的姊妹篇。玻尔在报告中严厉斥责了纳粹所宣扬的大日耳曼种族优越论。1943年8月，形势的发展使玻尔不得不离开自己心爱的祖国，因为有人通知他德寇决定要逮捕他。在地下抵抗组织的帮助下，玻尔全家乘一条渔船连夜逃出丹麦。为了不让实验用的重水材料落入敌人手中，玻尔就把重水早早装在了啤酒瓶里，但由于走得匆忙，玻尔拿错了酒瓶并且遗忘了他的诺贝尔奖章。

1945年8月纳粹失败后，玻尔回到丹麦。8月25日，他像过去一样骑着自行车来到了研究所。看到研究所被德寇糟踏得不成样子，想到昔日故旧现已天各一方，又看到欢迎的人群和天空飘扬着的反法西斯胜利的旗帜，玻尔不禁感慨万分。

对人类命运的关切和对科学与人之间关系的深思是玻尔晚年思想的主线，致力于科学的国际合作及和平利用原子能成了他的主要活动。1950年，玻尔发表了致联合国的公开信，呼吁建立一个"开放的世界"。他指出核武器的存在会均等地威胁所有国家，呼吁国际社会应尽力达成一种永不使用核武器的普遍协议。1955年在日内瓦和平利用原子能国际会议上，玻尔希望科学和科学家能在促进相互交流和理解方面起带头作用，希望科学的发展能够增进世界人民的福祉。他一方面为恢复和扩建哥本哈根物理研究所而奔忙，另一方面也致力于推进欧洲核子研究中心和北欧理论原子物理研究所的建设，并因此成为扩大和平利用原子能的国际性机构的组织者和领导者。

玻尔的家庭生活幸福美满。他有五个儿子，其中第四子阿格·玻尔生于玻尔获得诺贝尔物理学奖的1922年，后来也成为世界著名的物理学家，在玻尔之后接任了丹麦哥本哈根大学理论物理研究所所长，并于1975年获得诺贝尔物理学奖。玻尔给他最小的儿子取名为厄内斯特以纪念自己的恩师卢瑟福。

玻尔生前到过很多国家。1937年，玻尔曾来中国访问讲学，到过北京、上海、杭州、南京等地。在讲学中，玻尔报告了量子理论、液滴模型和因果性问题。中国的风土人情、古老文明传统，还有大批如饥似渴的物理学师生，都给玻尔留下了深刻印象。他后来在自己的研究所也接收了很多来自中国的学生和研究者。他还发现自己的思想与东方文明中的中国古老传统思想的某些部分有相近之处。1947年，当丹麦决定授予玻尔高级别族徽勋章时，他亲自设计了中心图案，里面就借用了中国传统的"阴阳图"，代表了阴阳互补哲学之意吧。

1962年11月18日，玻尔在午睡中溘然长逝。逝世前一天，他在家里研究室黑板上画的最后一张图是爱因斯坦的"光子箱"。

玻尔开始进行自己的研究工作时，人类对于原子世界所知极少，而当他逝世时，人类已进入了大规模利用原子能的时代。玻尔一生获得了许多荣誉，然而使他真正感到欣慰的是他所奠基的原子物理学正在蓬勃发展。正如他在自传的最后所说：

> 帮忙揭开遮蔽真理帷幕之一角，从而得以走到较为接近真理的道路上，这也许是一个科学家所能获得的最大快乐了。

（作者：岩　群）

薛定谔
为人类理解自然和自身而奋斗

薛定谔

(Erwin Schrödinger, 1887—1961)

> 他熟悉人类思想和实践的许多领域，他广博的知识、敏锐的思想和创造力都是惊人的。……他的名字是物理学出版物中出现最多的。我们谁没有把薛定谔方程或薛定谔函数写过无数次呢？也许以后几代人也将这么做，并生动地记住他的名字。
>
> ——玻恩

一、维也纳：崭露头角的学生时代

薛定谔1887年8月12日出生于维也纳。如同他在接受诺贝尔奖时的简短致辞中所说，这是一座"生气勃勃的和自由自在的城市"，它的文化传统给薛定谔的成长以深刻的影响。与伦琴和爱因斯坦一样，薛定谔也生长在一个手工业主的家庭。他的父亲鲁道夫继承了一个油布工厂，工艺尽管陈旧，生意却还成功，使他的家庭得以经济无忧。鲁道夫受过良好的教育，爱好自然科学和艺术，年轻时曾热衷于意大利绘画，甚至自己动手画过一些铜版画和风景画，对植物学也很感兴趣，在《维也纳动植物学会论文和纪要》上发表过一系列论文。他也曾向维也纳工业学院化学教授亚历山大·鲍厄学习化学，并和鲍厄教授的女儿结了婚，薛定谔是他们唯一的孩子。作为"朋友、老师和不知疲倦的谈话伙伴"，鲁道夫和孩子分享了活泼有趣的精神生活。薛定谔在回忆他的童年时，认为他的父亲是所有有趣事物中"最有吸引力的"。

薛定谔只进过一次小学，那是当他父母在因斯布鲁克休假时，为期数周。在维也纳，一个小学教师每周两次到他家里给他上课。他的外祖母是英国人，这使他从小就能流畅地使用英语，这对他以后的研究工作极有帮助。1934年以后，薛定谔的论文大多是用英文写作的，而且他真正掌握了英文的风格和智慧。他甚至在紧张的创造性研究之余，把荷马史诗翻成英文来作为休息。

11岁那年，薛定谔进了维也纳商业高等专科学校所属的预科班。按当时的惯例，这里的课程班侧重于经典的拉丁文、希腊文等人文学科，数理科学则多少被忽视了。薛定谔在回忆学生时代的生活时曾这样写道：

> 我是个好学生，并不注重主课，却喜爱数学和物理，也喜爱古老语法的严谨逻辑，我讨厌的只是记忆历史和传记的年代。我喜爱德国诗人，特别是剧作家，但是厌恶对他们作品的繁琐考证。

学生时代的薛定谔经常去维也纳剧院，并且是F.格里尔帕策的热烈崇拜者。他保留的剪贴簿中有他所看过的演出节目单，及他所写的广泛的评论。与此同时，他并没有放松自己的学习。

1906年，薛定谔进入维也纳大学物理学院，正逢玻耳兹曼逝世。玻耳兹曼不仅是这所学院的精神领袖，还奠定了它的特殊传统——进行现代物理学理论统计基础的研究。笼罩校园的悲痛气氛给薛定谔以深刻印象，玻耳兹曼的科学思想也极大地影响了他的思想和早期工作。对此，他曾这样说过：

> 玻耳兹曼的思想路线可以称为我在科学上的第一次热恋，没有别的东西曾如此使我狂喜，也不会再使我这样。

他所师承的两位教授——理论物理学家哈泽内尔和实验物理学家埃克斯纳都是玻耳兹曼的学生。哈泽内尔在理论物理学上很有成就，曾由自感现象的研究猜测过电磁能和质量之间的关系，其形式与今天的质能关系式完全一致；同时，他又是一位出色的教师，接任玻耳兹曼开设了理论物理学讲座，继承并发扬光大其前任奠定的科学传统。薛定谔非常喜欢听哈泽内尔的讲座，连续八个学期参加了每周五次的理论物理讲座，内容涉及统计力学、哈密顿力学和连续介媒质力学中的本征值理论。正是这些讲座而不是书本，使薛定谔为以后的工作打下了主要的知识基础，因为薛定谔自称难以掌握书本资料，讲座所起的作用对他而言是特别重要的，而熟悉本征值理论则是他以后建立波动力学理论的关键。薛定谔在1929年把他作为一个科学家之个性的形成归功于哈泽内尔；而当获得诺贝尔奖时，他又说：

> 假如哈泽内尔没有去世的话，那么他现在当然会站在我的位置上。

薛定谔还选听了温廷格的数学讲座和埃克斯纳的实验物理讲座。前者曾被克莱因称为"奥地利数学界的希望",薛定谔后来把自己的著名论文的副本寄给他以表谢忱。埃克斯纳关于因果性和机遇等问题的见解对薛定谔很有启发,这些见解后来成为他许多思想的萌芽。年轻的薛定谔天资聪颖,才华出众,很快就给同学们以深刻印象。后来多年任维也纳大学教授的理论物理学家汉斯·蒂林格这样描述他与薛定谔的初次相遇:

那是1907—1908年度冬季学期,当时我还是一名新生,常去数学讲习班图书馆。有一次一个头发淡黄的大学生走进房间时,我旁边的同学突然推我一下说:"这就是薛定谔。"以前我从未听说过这个名字,但如此表达出的尊敬和同学们的眼光给我留下深刻印象并产生了这样的信念,他不是个普通的人。这信念随时间而日益坚定,随后相识并很快结下友谊。在这种友谊之中,薛定谔时时处处伸出援助之手。

1910年,薛定谔在哈泽内尔指导下获得哲学博士,毕业后留任埃克斯纳在维也纳大学第二物理学院的助手,直到第一次世界大战爆发。在这里,他管理实验室的大量事务,也曾主持过大型的物理实验课。他写下了关于磁性电介质、大气声学、放射性、X射线和布朗运动等问题的一系列论文。在写论文的过程中,他得到了很好的锻炼。其中他与科尔劳施合作研究的工作以《1913年泽海姆的大气中镭（Ra-A）的含量》为题发表的论文，获得了皇家科学院的海丁格奖。他多次满怀感激之情回忆起，在埃克斯纳的指导下，他懂得了"测量就意味着通过直接的观察"。

第一次世界大战中断了薛定谔的科学工作。他作为一名军官服役于要塞炮兵部队，在与外界隔绝的营地里抓紧时间阅读专业文献。1916年在普罗塞克，薛定谔读到了最早发表的爱因斯坦广义相对论的基本原理的文章。他一开始感到新引力理论的思想体系很难理解，但很快便能领会爱因斯坦的思想及有关计算，并认为理论的最初表达"不必要地复杂化了"。1917年他曾发表《引力场的能分量》一文，讨论引力场中能量-动量膺张量的物理意义。

1918年，薛定谔曾有希望继盖特勒之后任切尔诺维兹（现在乌克兰的切尔诺夫策）大学理论物理临时教授。对于当时的打算，薛定谔这样解释说：

> 我打算在那儿讲授理论物理学，首先按我所敬爱的老师、被战争夺去生命的哈泽内尔的杰出讲座的形式讲。除此之外我还准备研究哲学，那时我正深深地热衷于斯宾诺莎、叔本华、马赫、理查德·西蒙和阿芬那留斯的著作。

但是奥匈帝国的崩溃阻止了这一计划，切尔诺维兹不再属于奥地利。战后，薛定谔回到维也纳大学第二物理学院直到1920年。

1920年4月6日，薛定谔与贝特尔结婚。他们相识于薛定谔的密友施韦德勒在洋海姆的夏季别墅,薛定谔从施韦德勒那儿学到许多东西,并称他是自己的仅次于哈泽内尔和埃克斯纳的老师。婚后不久,薛定谔便移居耶拿,担任维恩的物理实验室助手。但仅仅四个月后他又离开了耶拿,以便接受斯图加特工业学院临时教授的职位。他在那儿待了一个学期,其间接到三份正式教授的聘书,分别来自基尔、布雷斯劳和维也纳三所大学。尽管他愿意去维也纳继承哈泽内尔的事业,但当时奥地利大学教授的工作条件是如此窘困,使他无法做此选择。他去了布雷斯劳,数周之后,他又收到并接受了苏黎世大学曾由爱因斯坦和劳厄担任过的教授职位聘书。他生命交响乐中最辉煌的一章开始了。

二、苏黎世:波动力学大厦的建筑师

1921年,34岁的薛定谔来到苏黎世。在这儿,他遇到了情趣相投的数学家外尔和物理学家德拜。这两个人给了他以关键性的帮助。他的就职演说题为《自然规律是什么?》,着重介绍了埃克斯纳对自然规律的统计基础的看法,并认为绝对因果性超出了经验的范围,只要抛弃了它,就能成功地克服电动力学处理原子问题时遇到的严重困难。由于苏黎世是瑞士的一个美丽城市和人们南来北往的落脚点,经常有一些学者路过,并参加学校里关于现代物理学发展的讨论以及学校组织的各种形式的学术交流活动。当年薛定谔的研究生海特勒回忆道,每个星期六薛定谔夫人安排的小旅游"总是以到了一个可爱的小客栈和一两瓶葡萄酒而结束"。

从大战结束到在苏黎世任职期间,薛定谔的科学研究成果涉及统计热力学、原子物理学、广义相对论和概率论等领域，另外还有74页的电介质现象评论文章，7篇在埃克斯纳鼓励下完成的彩色视觉理论的论文。这7篇论文类似于广义相对论，探讨了彩色空间的度规和非线性方程，做出了关于红-绿色色盲和蓝-黄色色盲之间频率关系的说明，受到了生理学家的好评。但薛定谔坦白地说明这并非他的兴趣之所在，仅仅是为暂时摆脱对原子问题苦思不得其解的困扰而进入光学的旅行。

这期间，薛定谔真正关注的是统计理论和原子力学。前者是他的专长，玻耳兹曼思想的影响和长期工作的积累，使他能驾轻就熟、得心应手地运用统计方法去处理各种物理问题，诸如气体和固体的比热、电子理论、振荡问题、晶格振动热力学及其对内能的贡献等；后者则是当时整个物理学界面临的困境，它的发展孕育着物理学理论的重大突破。薛定谔尽管对旧量子理论缺乏系统的研究，但他确实在知识结构上有优越的条件，也始终渴望在这个领域一显身手。正是沿着这两个不同方向，薛定谔开辟了通往波动力学的道路。

1913年，玻尔发表了题为《论原子构造和分子构造》的论文，从原子稳定性和光谱学中的两个经验公式的事实出发，摒弃无法解释它们的经典电磁理论，把普朗克量子论推广应用于卢瑟福原子模型，成功地提出了原子结构的玻尔理论。他的基本假设是：电子只能在特定的量子化圆形分立轨道上运行，轨道电子处于稳定状态，仅当电子在这些定态之间跃迁时才发生辐射或吸收，其能量的变化为 $h\nu=E_2-E_1$。玻尔的论文总结说：

已表明应用这些假设于卢瑟福原子模型，就可能说明连接元素线光谱中不同谱线的巴耳末和里德伯定律。再进一步，元素的原子结构理论和化学结合的分子形成理论的轮廓也已经给出。它们在几个地方证明与实验近似一致。

玻尔理论是量子理论发展中的一座里程碑。其后十年，量子理论的发展不乏重大成就，但基本上都是在玻尔的框架中发展的。1915年，索末菲把电子绕核运动的量子化轨道扩展到包括椭圆情形，并考虑了轨道电子的相对论效应，使修正后的氢原子谱线分裂以解释"精细结构"。1916年，爱因斯坦研究了原子系统与光相互作用的问题，用统计方法分析了光的发射和吸收过程，建立了这一问题的唯象理论。1918年，玻尔为了消除量子理论的悖论，深化对它的理解，又提出了著名的"对应原理"，认为人们必须借助于经典理论的概念和定律构造量子理论，而量子理论又必须包括经典理论作为极限情况，因而可以在一定程度上利用经典理论来解释量子论无法解决的谱线相对强度、塞曼效应等问题。正是在这个过程中，玻尔理论本身的缺陷暴露了。首先，它缺乏概念的自洽和逻辑的一贯性，严格说来不过"是一些互不相干的假设、原理、定理和计算方法凑起来的大杂烩"。它的特设性假说如量子化条件和稳态电子等的引入不能普遍地解释和演绎。其次，对最简单的多体问题氦原子能级的计算、反常塞曼效应、史特恩-盖拉赫效应、电子间的相互作用等不能提供令人满意的结果。因此，它只是一个半经典半量子化的过渡性理论。

薛定谔主要是在第一次世界大战后开始关心原子结构问题。他对玻尔理论很不满意。他一方面应用旧量子论从事研究，另一方面又试图突破它、发展它。1919年他应用旧量子论于固体比热问题，从实验到理论发表了分为五部分的评论文章，提供了大量数据和引证，认为量子论已获得较大成功，但对金属电子比热等还不能解释。1921年他提出外层电子轨道贯穿内层的概念来说明碱金属光谱类巴耳末公式中的非整量子数，并认为这是"一个小小的但却是积极的成功的细节"。1922年他又应用外尔的广义相对论时空理论于旧量子论，得出"单电子量子轨道的一个值得注意的性质"。但他始终难以接受玻尔理论中的不一贯性和摒弃时空描述的量子跃迁，因为受玻耳兹曼的影响，他始终认为自然界能从自然的明显直观的方式理解。他坚持认为玻尔能级应作为某种本征值问题自然导出，却苦于无法找到适当的突破口。

1924年德布罗意的相波理论，开创了量子理论概念发展的新阶段。他提出像辐射的量子化一样，原子结构中的频率辐射 $E=h\nu$ 和标志稳定的整数启示我们，物质粒子特别是电子的运动也必然为一频率由 $E=h\nu$ 决定的假想的相波所伴随，相波的谐振导出量子化条件，电子束穿过小孔将有衍射，而关于自由粒子的新旧力学的关系，同波动光学和几何光学之间的关系一样。

对于大多数物理学家来说，相波理论非但奇特，简直是荒诞的，怎么能把波和粒子拉扯在一起。只有爱因斯坦认为这是——

一项有趣的尝试，……是投射到我们这个最糟糕的物理之谜上的第一道微弱的光线。

爱因斯坦还在 1925 年 2 月发表的关于理想气体量子统计的论文中引用了它。这当然会引起正致力于气体统计问题的薛定谔的注意。同年秋天，德拜也建议他就德布罗意的工作做一次讲演。

确实，薛定谔具备较多地吸收和发展德布罗意思想的有利条件。他坚持自然界的可理解性，认为量子化条件应当作为本征值问题自然导出，他通晓相对论问题、本征值理论和哈密顿力学，对哈密顿力学-光学相似关系则早在 1918—1922 年间的三本《张量分析力学》中就有专门一节论及。在 1922 年底，他就发现轨道电子的模方绕核平行位移一周将增加一个类波性质的相因子，这与德布罗意相波理论颇有相似之处。

从 1925 年 10 月下旬起，薛定谔着手认真研读和应用德布罗意的思想。从把轨道电子处理为运行波遇到折射困难，到把理想气体作为相波谐振获得成功，再回到寻求电子驻波的波动方程；从求得氢原子的相对论性波动方程，解出当时无法解释的平整数能级，到求其非相对论性近似，解出玻尔能级……短短三个月时间，波动力学瓜熟蒂落，量子力学掀开了崭新的一页。

从 1926 年 1 月 26 日到 6 月 22 日，薛定谔接连发表了 6 篇关于量子理论的论文。其内容囊括量子理论、光谱学、微扰理论和物理光学等众多物理学领域，熔玻尔理论、矩阵力学、哈密顿相似关系和德布罗意相波理论于一炉。论文用变分原理和哈密顿相似分别建立了著名的薛定谔方程。玻尔的量子化假设可从偏微分方程中作为本征值解出，对一维谐振子、定轴和非定轴转子、双原子分子和斯塔克效应等也能解出与实验相符的理论解。矩阵力学被证明与波动力学在数学上等价，从而使波动力学成为集前人研究成果之大成、在理论上比较严谨自洽、实际运用更为广泛有效的完整体系。正如雅默尔所说：

> 薛定谔的光辉论文无疑是科学史上最有影响的贡献之一。它深化了我们对原子物理现象的理解，最终为用数学求解原子物理、固体物理及某种程度上的核物理问题打开了新的思路。事实上，非相对论量子力学以后的发展很大程度上仅仅是对薛定谔工作的加工和运用。

波动力学的问世，在物理学界引起了轰动，受到绝大多数物理学家的赞赏并得到广泛运用。因为它采用的是经典的偏微分方程描述方法和易于理解的概念，形式上保留了时空描述的有效性，整个框架具有简洁明晰的数学美。爱因斯坦在给薛定谔的信中评论说："你的文章的思想表现出真正的独创性。"普朗克指出薛定谔方程"奠定了近代量子力学的基础，就像牛顿、拉格朗日和哈密顿创立的方程式在经典力学中所起的作用一样"。斯莱特把波动力学称为与牛顿力学和麦克斯韦电磁理论同样卓越的理论综合，而玻恩则感叹地说："在理论物理学中，还有什么比他在波动力学方面的最初六篇论文更为壮观的呢？"

比之于量子理论发展史上的其他著名人物，薛定谔可谓大器晚成。著名科学家发表成名论文时的年龄分别为：爱因斯坦 26 岁，玻尔 28 岁，海森伯 24 岁，泡利 25 岁，狄拉克 24 岁，约当 23 岁……而薛定谔此时已 39 岁。年已至此，还能跳出旧的理论框架，在全新的思想路线上做出如此重大的开拓，确属不易；但也正是以往研究工作的理论素养和知识积累，使他得以在不到半年的时间内，一举构造起系统概括了以往理论成就和实验结果的波动力学体系。

三、柏林：教学和学习的美妙时期

1926 年夏秋，薛定谔曾先后应邀到慕尼黑、柏林、哥本哈根和美国加州理工学院等地报告他的波动力学，受到普遍欢迎。慕尼黑大学校长维恩在演讲中曾站起来说：量子跃迁现在显然被合理的东西取代了。索末菲也称之为"20 世纪惊人发现中的最惊人者"。柏林大学则聘请薛定谔继任普朗克的理论物理学教授职位。尽管他对让他硕果累累的苏黎世大学很是留恋，苏黎世大学也以优厚的条件极力挽留，但柏林作为当时物理学首都的声誉，特别是普朗克表示如果薛定谔能成为他的继任者他将感到很高兴，促使薛定谔于 1927 年来到柏林。

当然，薛定谔的波动力学并没有毫无异议地为人们全盘接受，特别是对波函数的物理诠释。薛定谔的波动图景把物质粒子归结为波系统，提出自由粒子是波包中的奇点，束缚电子是驻波的叠加，波函数描述的是实在的波，并用波的干涉和衍射来取代玻尔的定态和量子跃迁。这种把微观客体的波动性质推向极端的模型遇到了许多困难，也招致一些物理学家的反对。在哥本哈根，薛定谔和玻尔就量子力学的诠释展开了激烈的争辩，双方各执己见，针锋相对，谁也说服不了谁。这种争论甚至在薛定谔病卧于床时也没有止息。直到 1927 年玻尔的互补原理和玻恩的概率诠释先后发表并使量子力学成为完整的自洽体系，薛定谔才暂时放弃了波函数的实在性主张，但他始终没有放弃对哥本哈根学派的批评和复活波动图景的希望。在震撼 20 世纪的量子力学大论战中，他始终是爱因斯坦少数派中的坚定一员。他于 1935 年配合爱因斯坦等人提出了 EPR 悖论，发表了著名的"猫悖论"（cat paradox），被爱因斯坦称为揭示了量子力学描述实在的不完备性的最巧妙办法。直到 20 世纪 50 年代初，他还发表了《波动力学的意义》《有没有量子跃迁？》和《基本粒子是什么？》等文章，试图利用粒子并非永恒不变的全同实体和二次量子化等最新知识来重建他的波动解释。在他看来，为寻求真理而尖锐争辩与和对手之间的亲密友谊是并行不悖的。玻恩曾如此描述他和薛定谔之间的友谊：

> 他在给我的信中说过："你，麦克斯，你知道我是爱你的，这一点不会改变。但是我觉得有必要彻底地给你洗洗大脑，把你的头伸过来吧。"这之后我们进行了近乎"粗野"的论战，我一再想使他相信，"哥本哈根学派的量子力学观点"总的说来是可以接受的，虽然我知道得很清楚，爱因斯坦、普朗克、德布罗意、劳厄和他对这种观点并不满意。我举出了一些赞成这种观点的很有才华的研究者

的名字，他反驳说："什么时候科学观点是由多数人来决定的？（你可以自己来回答，至少从牛顿以来）"往下还写了好几页。我已经记不清我到底是怎么回答他的，因为我们通信是随便用手书写，而不是一本正经地用打字机。但他下一封信的开头是这样说的："谢谢你以这样富于刺激的长篇回答给我洗脑。"长期以来我们的通信就是这样——既粗鲁又亲切，充满了尖锐的争论，却从未有不舒服的感觉。

薛定谔非常喜欢柏林的学术环境，他称这里有：

两所大型高等学府、帝国学校、威廉皇家研究所、天文台、众多工业实验室，使许多第一流的物理学家聚集在当时的柏林。每周欢聚在一起的讨论会，给人们留下了深刻的印象。

在柏林大学曾与薛定谔一起共事的有普朗克、爱因斯坦、劳厄、迈特纳和能斯特这样杰出的物理学家，他还同其他领域的著名科学家有着密切联系。这一切确实使薛定谔对生活在这儿感到称心如意，尽管他生性极其喜爱大自然，尤其是阿尔卑斯山，而不愿生活在大都市。"在柏林大学的时光是我一生中最幸福的时光"，后来他在 1947 年 6 月复信给邀请他继任从前职务的洪堡大学数学自然科学系主任时这样写道。他补充说他仍然感到自己是倾心于柏林大学的，并经常考虑"甚至仅作为一个领退休金者返回到那里去的可能性"。

在柏林的时光里，薛定谔与同自己的科学和哲学观点相似的普朗克和爱因斯坦建立了亲密的友谊。他和妻子经常参加普朗克在家中举行的家庭舞会。他也常去爱因斯坦在卡普特的别墅拜访，有时两人在哈弗尔河上泛舟畅游，讨论物理学问题。薛定谔那座位于格吕内瓦德的住宅因经常举行"维也纳小灌肠晚会"，很快成为科学家交往的中心。他一面教学，一面致力于发展相对论波动力学，即狄拉克电子理论，为此曾写下了五本研究笔记。相对论和量子力学是 20 世纪物理学的两大支柱，他希望能在广义相对论提供的时空框架中，用波动力学来描述空间中的物质分布，并相信引力波和物质波服从同样的规律。当时正在读迈特纳研究生的我国著名核物理学家王淦昌也曾听过薛定谔的讲演。

1933 年希特勒上台后，犹太血统的物理学家纷纷被解雇。凭着他的雅利安血统、天主教背景和作为普朗克继承人的地位，薛定谔本来可以不受牵连，更不必放弃职位离开德国，但是他自愿这样做了。他反对纳粹对科学家的迫害，难以忍受在这种野蛮制度下工作，不愿效忠于这样的政府。玻恩曾写道：

> 对此我们都非常赞赏。人到中年还要拔根迁居，改变生活方式，并非轻而易举之事，但他不在乎。人们打扰了他，要他关心政治，他就走了。他是不喜欢过问政治的，即便他的科学成果被悲剧性地用于一场伟大的政治斗争时

也是如此，仅有极少例外。

薛定谔的"在柏林教书和学习的非常美妙的时期"就此结束了。

1933年11月，薛定谔借口休假来到牛津，在这儿住了三年。抵达后的第五天，他被接纳为玛格达林学院的研究员。同时伦敦泰晤士报社打电话通知他，"因为发现原子理论的新的和富有成效的形式"，他和狄拉克一起被授予1933年诺贝尔物理学奖。这是对他创立波动力学的最好褒奖。他在斯德哥尔摩的领奖演讲中介绍了自己的传略和波动力学的主要思想。

在牛津，这位奥地利人对富有传统的英国大学城的学术环境感到不怎么适应，他对祖国的思念日增。当1936年同时收到爱丁堡和格拉茨的邀请时，他听从朋友汉斯·蒂林格的劝告，回到祖国，在格拉茨大学任教。两年后德国吞并了奥地利，薛定谔感到了纳粹党徒给他带来的沉重压力，纳粹没有忘记他从德国的不辞而别。1938年9月1日，薛定谔被不加解释地从格拉茨的职位上解雇，他必须再次出走，但这次是为了逃生。幸运的是他还持有自己的护照，可以不受阻碍地离境。他丢下了房屋、汽车和其他财产，"仅带着一个小小的皮箱"离开了奥地利，开始了流亡生活。

四、都柏林：探索物理学与生物学的统一

对于薛定谔的困境，他在牛津的朋友们极为关切。而早在1938年5月，原都柏林大学数学教授、当时的爱尔兰首相瓦莱拉就努力

寻找让薛定谔去爱尔兰的途径,他去信促成了薛定谔出走的决心,即将建立的都柏林高等研究院已经为薛定谔留下了职位。当薛定谔逃到罗马,作为教皇科学院的成员寻求避难时,瓦莱拉请他到日内瓦去,瓦莱拉正在这里担任 1938 年国际联盟会议主席。在会议休息期间,两人讨论了建立研究院并提高爱尔兰在国际数学和理论物理界的地位等问题。瓦莱拉十分了解理论物理学的特殊吸引力,而且"这样的科学分支并不需要精心制作的仪器,需要的仅仅是足够的自由,是头脑、人和论文"。他这时已持有议会通过的建立研究院的法令,但在它建立之前,薛定谔先返回牛津,接着又应布鲁塞尔的法兰斯克基金会邀请去比利时任客座教授。

1939 年 9 月初,薛定谔作为一个德国流亡者,忽然发现自己成了敌国侨民。瓦莱拉再次帮忙,通过爱尔兰在大英帝国的高级官员,为他准备了一份安全通行证,使他于 10 月 5 日用 24 小时内有效的签证取道英格兰前往都柏林,开始了他在那儿为期 17 年的侨居生活。他后来称这些岁月是

非常非常美好的时光。否则我将永远无法了解和懂得热爱这美丽的爱尔兰岛。倘若我在格拉茨度过这十七年,无法想象能有什么使我如此高兴。

1941 年都柏林高等研究院关于介子的讨论班正式开办,它分为理论物理学和居尔特人语言学两部分,薛定谔担任理论物理部主任。汉斯·蒂林格描写他的教学职位是"一个学者能为自己想象的

最好位置：完全的教授和研究自由而没有任何特别的教学责任"。薛定谔在这儿享有的地位类似于爱因斯坦在普林斯顿的地位。高等研究院院址就坐落于都柏林麦瑞恩广场上的前市政厅，从研究院一开办就在这儿从事研究和学习的海特勒曾回忆：那些可爱的18世纪的古老乔治式建筑"对安静的工作是非常合适和舒服的"。从这儿步行几分钟，可以抵达三一学院、都柏林大学学院和哈密顿曾任主席的爱尔兰皇家学会，往来方便，学术空气自由活泼。每年都有来自世界各地的年轻物理学家获得津贴，并在这儿工作一两年，平均有10~15名学者居住于此。我国著名物理学家彭桓武就曾于1941—1943年和1945—1947年两度到这里从事研究。这里每年一度的夏季讨论会云集了来自各国的物理学家，玻恩和狄拉克也经常参加"这种有趣的和令人兴奋的聚会，原来的数学家、如今的爱尔兰首相也常出席"。

安定的环境，优越的条件，使薛定谔得以避开战乱的纷扰，潜心于科学研究和理论思维，他的创造力极大地迸发出来。和晚年的爱因斯坦一样，这个时期薛定谔以特别的热情致力于统一场论的研究，甚至早在1940年，"他就试图发明可综合引力、电磁和核的相互作用的一种统一场论"。他还预言了弯曲空间中粒子的创生，讨论了微观世界中时空概念的使用限度，并力图构造膨胀宇宙中的本征振动和波包。他对相对论理论和宇宙学的贡献，集中反映在1950年和1956年先后出版的《时空结构》和《膨胀着的宇宙》这两本书中。他在研究介子场和非线性电动力学的同时，继续保持着他对量子力学和统计力学的兴趣。他在高等研究院讲课基础上写作的《统计热力学》一书，以惊人的、清晰的和统一的标准方法，论述了统计力学的基本问题及其应用，特别是对那些通常被忽略的重要问题如能斯特定理和吉布斯佯缪等做了较详细的讨论。

也正是在这一时期，薛定谔的目光更加开阔和深刻，他转而对物理学的基础、物理学基础对其他自然科学的影响、物理学基础的发展与认识论的关系等问题进行探索，并做出了可贵的贡献。

科学的统一，是薛定谔毕生的信念和追求。在物理学中，他曾致力于相对论和量子力学的结合，致力于综合各种相互作用的统一场论，但他的尝试并不限于此。出于"从祖先那里继承了对统一的无所不包的知识的强烈渴望"，"想把所有已知的知识综合成一个整体"，出于对奇妙的生命现象特别是对遗传性状的不变性和新陈代谢等的物理思考，他宁愿放弃已取得的名望，"敢于承担使我们成为蠢人的风险"，敢于着手去综合不同学科的实验事实和理论知识。他运用物理学的最新成就和方法剖析生命现象，提出了一些很有价值的见解，其主要论述以《生命是什么？》为题发表于 1944 年，这本不到 100 页的小书在西方科学界产生了极大的影响。

第二次世界大战结束时，物理学家们普遍感受到了从事此职业的某种痛苦。物理学的发展导致了毁灭性的核武器的产生，虽然杀死的是敌对国的人，但这种使无数生灵涂炭的大规模毁灭，促使许多物理学家对自己的工作与人类福利的关系重新做出深刻反思；另外，比之于量子力学迅速发展的那些激动人心的年代，理论物理学已进入一个相对平静的时期。在这种时刻，作为量子力学的主要创立者，薛定谔又提出用热力学和量子力学研究生命的本质。认为新的物理学定律将在这个新的研究领域中被发现。后来物理学的发展也证实他对生物学新时代的预见是正确的。

薛定谔的研究，特别是《生命是什么？》一书的出版，吸引了一批年轻物理学家进入这个充满希望的新领域。一个最直接的结果，就是 1953 年沃森和克里克在威尔金斯的 X 射线衍射资料基础上所成就的 DNA 双螺旋结构的发现。这是 20 世纪生物科学中最伟大的成就，也标志着分子生物学乃至整个生命奥秘科学的发端。他们三人因这项革命性成果而荣获 1962 年诺贝尔生理学或医学奖。三个人当中，克里克和威尔金斯在第二次世界大战时都是服务于军事部门的英国物理学家，战争结束后他们开始寻找新的研究课题时，《生命是什么？》这本书指引着他们进入了一个全新领域。而远在美国的沃森则是在芝加哥大学读书的年代就读到了《生命是什么？》，并且"深为发现基因的奥秘所吸引"。最终他来到剑桥，与克里克和威尔金斯走到一起实现了自己的梦想。

其他如 1969 年获诺贝尔奖的卢里亚、查加夫和本泽等著名分子生物学家也都坦承自己之所以走上生命科学这条学术道路，就是受到了薛定谔的那本《生命是什么？》的影响。仅由此几例就可见，《生命是什么？》确实非同小可，它吹响了向生命科学进军的号角。

诚然，薛定谔对于生物学并非行家，他所具有的"只是第二手的和不完全的知识"，但正如威尔金斯所说，他的著作之所以产生如此巨大影响的理由，就是他是作为一个物理学家写作，如果他作为一个正式的大分子化学家写作或许就不会有同样的效用。

正是从一个有深邃眼光的理论物理学家的角度，他对生命物质和遗传机制等与生命奥秘相关的问题发表了精湛见解，开拓了新视野，打开了新的研究途径。

分子生物学的研究目的，是认识生物大分子的结构和功能。正是这些生物大分子的结构决定了它们的性质和在生命过程中的作用。生物体中遗传性状的不变性，说明了基因作为遗传物质在外界无序干扰中的高度稳定性，这用经典统计物理的涨落观念是无法解释的。薛定谔发挥了德尔布吕克的思想，提出基因大分子的稳定是由于原子间的海特勒-伦敦键使它们稳固地结合在一起。这些元素的排列浓缩了涉及有机体未来发育的精确计划的"遗传密码"，能在很小的空间范围内体现出复杂的决定系统。基因的"突变实际上是由基因分子中的量子跃迁所引起的"，"这种变化在于原子的重新排列并导致了一种同分异构的分子"。而比之于原子的平均热能，这种构型变化的阈能之高使这种变化的概率极低，$\left(\tau/t = exp\left(-\frac{W}{KT}\right)\right)$ 这种罕见的变化即自发突变，它们成为自然选择的基础。这里，薛定谔率先引入了"遗传密码"的概念，并致力于解释遗传信息的物理基础，由此他成为分子生物学的信息主义学派的先驱之一。

薛定谔承认，他写作《生命是什么？》的唯一动机是揭示"生命物质在服从迄今为止已确立的'物理学定律'的同时,可能涉及迄今还不了解的'物理学的其他定律'"。由热力学第二定律,孤立系统的不可逆过程中熵值总是趋于增加,系统总是趋于概率增大的无序状态,直至达到热力学平衡。而生命却是物质的有秩序有规律的行为,生命有机体作为宏观系统能保持自身的高度有序状态和不可变状态,避免很快地衰退到平衡态,甚至能不断向增加组织性的方向进化。应当怎样解释生命物质的这种功能呢?薛定谔在前人把新陈代谢解释为物质交换和能量交换的基础上,引入了"负熵"的概念。他认为:

> 一个生命有机体在不断地增加它的熵——你或者可以说是增加正熵——并趋于接近最大值的熵的状态,那就是死亡,要摆脱死亡,就是说要活着,唯一的办法就是从环境里不断地汲取负熵。……有机体就是以负熵为生的。或者更确切地说,新陈代谢中本质的东西,乃是使有机体成功地消除了当它活着时不得不产生的全部的熵。

他定义负熵 = $K\log\left(\frac{1}{D}\right)$($D$ 为无序状态的量度),并举动物为例,认为它们正是从极有秩序的食物中汲取秩序维持自身组织的高度有序水平。尽管他的论述不免粗糙含糊,但无疑其中蕴含着极有价值的开拓性见解。引入负熵概念,指出生命物质具有从外界环境中汲取负熵以维持自身和产生有序事件的自组织能力,薛定谔的这些论述对于后人关于生命系统的研究很有影响，普利高津的耗散结构理论和贝塔朗菲的生命系统论都从中获益匪浅。

《生命是什么？》的重大意义，并不止于引进上述新的概念来说明一系列生命现象。它的深远意义还在于提出了下面这个重大问题：

> 在一个生命有机体的空间范围内，在空间和时间中发生着的事件，如何用物理学和化学来解释？

以及他力求阐明和确立的初步答案：

> 当前物理学和化学在解释这些事件时明显地无能为力，决不能成为怀疑这些事件可以用物理学和化学来解释的理由。

他提倡用物理学和化学的理论、方法和实验手段研究生物学，并且身体力行，进而在这方面有所建树，这正是薛定谔对生物学的主要贡献。量子力学的诞生，正是微观层次的理论物理学高度发展的标志，它为从分子水平说明生命现象提供了很有帮助的理论工具，而X射线衍射技术等也为探测生命物质的结构提供了有效的实验手段。引进精密科学的概念和方法，将使发展较慢的生物学经历重大的变革，从定性描述跃居定量科学的行列，以较准确地把握不同层次上生物的结构和功能。薛定谔本人的声望，他提出问题的明确性和时机，他对回答这问题的有成效的尝试，使他给物理学和生物学的结合以极大的推动，从而他本人也成为探索两者统一的先驱，同时也促成了分子生物学的诞生，以至日本遗传学家近藤原平评价说：

> 给予生物学界以革命的契机的是叫作《生命是什么？》的一本小册子。它所起的作用正像《黑奴吁天录》这本书成为奴隶解放的南北战争的契机一样。

在都柏林时期，薛定谔作为高级教授，还有一项需他承担的义务，定期公开发表一系列通俗演讲，这也是他的主要科学工作之一。他既是一个著名的科学家，也是一个天生的通俗解释能手，他对陈述自己的思想倾注了大量的精力和辛勤劳动，言辞中洋溢着艺术天赋，能以自己智慧明晰的方法和深入浅出的讲解使听众折服，即便外行也能理解他表述的科学和哲学问题，以至于索末菲称之为独特的"薛定谔风格"。他的学生尤尔格劳则称他"处理最复杂最需要的现代物理学概念更像一个艺术家而不是方法论教师"，"他的惊人的科学解释能力甚至在他的研究领域之外也表现出来"。他的演讲不仅光大着科学精神，充满了哲理，其本身也是极有价值的科研成果。例如《生命是什么？》就出自于这样的系列演讲，其他如《科学与人道主义》《自然与希腊人》和《精神与物质》等书也是这样。在演讲中，薛定谔能根据听众的不同而分别采用德、英、法、西班牙四种语言，他的希腊文和拉丁文也很好。

五、维也纳：毕生的探索、荣誉的巅峰

第二次世界大战结束后不久，奥地利试图说服薛定谔返回家乡，甚至伦纳总统也于 1946 年出面劝说，但薛定谔不愿回到当时仍在苏军占领下的维也纳。其后的岁月里，他和妻子常去奥地利的蒂罗尔山区游览，直到 1956 年才决定返回故乡，此时气喘病和支气管炎已限制了他的创造力。他的朋友汉斯·蒂林格为他安排了维也纳大学理论物理学名誉教授的特别职位。尽管他已年届七十，到了通常的退休年龄，但仍授课一年。正是在这最后的岁月里，他写下了哲学自述《我的世界观》的后半部分"什么是实在的？"此书归纳出他毕生哲学探索的归宿。

和爱因斯坦、玻尔、海森伯等人一样，薛定谔始终对哲学抱有浓厚的兴趣。他也是 20 世纪物理学革命中涌现的集杰出的科学家和思想家于一身的风云人物。他崇尚理性，热爱科学，富于开拓精神，在努力探索自然规律的同时，也瞩目于哲学认识论研究的基本课题，对人类的思维对象和思维规律做深刻的反思。早在 1925 年，在《我的世界观》的前半部分"途径的探索"中，他认为科学家的哲学思想在他们的研究工作中起着"引导者、先遣队和脚手架"的作用。他坚持"自然界的可理解性原理"，力图在波动力学的建立中贯彻他的直观性要求。在量子力学大论战中，他与爱因斯坦一样，固守素朴实在论，认为独立于人们的意识的实在是我们认识的对象。但薛定谔力图区分自然科学中的哲学问题和一般哲学问题，认为两者属于不同层次。关于后者，他对自然和自我的关系、人类

意识的起源等问题苦思不得其解，最后还是走向了东方的神秘主义，在古印度吠檀多哲学中找到了他的理想——梵我不二论。他的哲学思想是丰富而杂乱的，这里就不再介绍了。

薛定谔在晚年登上了荣誉的巅峰。奥地利授予他大量的荣誉和褒奖。他刚回国就获得维也纳城市奖。政府设立了以他的名字命名、由奥地利科学院颁发的奖金，他是第一名获奖者。1957年他又荣获奥地利艺术和荣誉勋章。他曾写道：

  奥地利在各方面都给我以慷慨的款待，这样，我的学术生涯将荣幸地终止在由它开始的同一个物理学院。

1957年5月24日薛定谔接受了联邦德国高级荣誉勋章。他还曾被许多大学和科学团体授予荣誉学位，其中包括教皇科学院、伦敦皇家学会、柏林的普鲁士（后称德国）科学院和奥地利科学院。1957年薛定谔幸免于一次危及生命的重病，但他再也没有完全恢复健康。他于1961年1月14日逝世，被安葬于他所喜爱的蒂罗尔山下的爱尔贝克小山村。

行文到此，笔者仍深感很难对薛定谔的个性、人品和科学创造力加以简略的概述，他的好友玻恩在纪念他的一篇文章中也这样写道：

  我没有能力描绘这位出色的、具有多方面才能的人物的形象。他涉足的许多领域我知之甚少，特别是文学和诗歌方面，他也很少关心我喜爱的东西，如音乐。他是有缺点的、脾气暴躁的，同时也是有魅力的、讨人喜欢的。

实际上，作为科学家的薛定谔兴趣十分广泛，爱好经典名著，也熟悉当代艺术，曾发表过一本《诗集》，也自己动手尝试过雕塑。他在演讲中，能旁征博引古希腊哲学，对古印度哲学也颇为神往。他对科学史、科学哲学及方法论都有许多论述，其中仅哲学论著就有6本之多。在他的专业领域范围内，薛定谔除了5本专门著作（包括论文集），还发表了不下150篇论文，范围几乎覆盖了所有理论物理学前沿。尽管随着时代和科学的发展，"百科全书"式的人物愈加难以出现，但他确实具有这样的气质。

薛定谔继承了维也纳的秉性，古老的奥匈帝国特有的文化传统和奥地利人保持平衡的生活技巧在薛定谔的人格气质中折射和沉淀，使他既富于批判精神，为寻求真理在争论中其态度之尖锐甚至令人不快，同时又不乏灵活，不排斥必要的妥协。埃尔萨瑟在回忆薛定谔时说自己最深的印象是：

> 他的沉静和爱开玩笑，他的强烈的幽默感使他能保持平衡。我有时瞥见精心藏于他甜蜜文雅的生活背后的痛苦，这是个人悲剧和社会悲剧的结合。他没有子女，这对一个如此酷爱生活的人必定是残酷的。他也经历了哈普斯堡王朝的垮台和两次大战的失败，看到多少世纪以来构成欧洲

基础部分的他的祖国古老奥地利的总崩溃。……到1940年,每个人都很明白,历史将继续,但古老的奥地利已消失了。

在日常生活中,薛定谔不拘小节,是个很随便的人。到布鲁塞尔出席索尔维物理学会议时,他自己用帆布包背上所有行李,徒步从车站走到代表下榻的旅馆,以至于差点被接待处当作流浪汉而拒之门外,直到他说出为他保留的房间号码。尽管他善于同别人讨论问题,交流思想,但实际工作几乎都是单独做的,只有10篇左右的论文与他人合作。他很少接受学生和他一起工作,他认为科学的公共性质并不仅仅在于和同事或学生的关系。

然而,人们却不难从薛定谔的全部工作中得出这样一个结论:他毕生都在为人类对自然和自我的理解而奋斗。从薛定谔方程到《生命是什么?》,他在通往这个崇高目标的道路上留下了一座座路标,无形中也嵌上了自己的名字,使后来者从中获得激励和启示。

(作者:胡新和)

泡利
和量子概念同年降生的人

泡利

(Wolfgang Pauli, 1900—1958)

奥地利物理学家泡利在 20 世纪物理学两个最显赫领域，即相对论和量子物理学中都做出了很重要的贡献，留下了带有经典意义的著作。不仅如此，他在其他的物理学领域里也曾做了大量很可贵的工作，物理学的造诣达到出神入化的境地。这种情况，即使在很杰出的理论物理学家中间也是并不多见的。但他传奇的一生中也犯了两个大错，一个是否定电子自旋，另一个是否定自己的学生吴健雄用 β 衰变实验去验证另外两个中国年轻物理学家关于宇称不守恒的预言。瑕不掩瑜，泡利波澜起伏的科学生涯还是很值得向读者介绍一番的。

一、新旧交替之机

列宁曾把 19 世纪叫作"给予人类以文明和文化的世纪"。在这一世纪中，物理学也有了广泛而重要的进步。例如：通过若干杰出人物的努力，经典力学基本上已臻完善；分子运动的研究初步奠定了分子运动论和统计物理学的基础；发现了一些普遍性的自然规律，其中最重要的当然要算能量的守恒和转化定律……尤其引人注意的是法拉第 - 麦克斯韦电磁学的确立大大开拓了物理学的疆土，在当时的认识阶段上把电磁现象和光现象统一了起来。到了 19 世纪末期，经典物理学实际上已经连成一片，形成了一个繁荣昌盛的泱泱大国。

巨大的胜利引起了严重的错觉。一种极端的观点认为，人类已经基本上掌握了自然界的主要规律，剩下来的工作只是"得出次一位的有效数字"而已。据说，当普朗克完成了他的博士论文以后，他曾经写信给他的启蒙老师约里，征求继续研究理论物理学的意见。约里在回信中说：

> 年轻人，你为什么要把自己的一生糟踏掉呢？理论物理学实际上已经完成了。所有的微分方程都已经解出来了。现在剩下来的，只是考虑涉及各式各样初值-边值条件的个别特例了。难道值得选择一种看来不会有任何前途的事业吗？

历史的邮局把这样的信件单单寄给普朗克，实在使我们后世的人们不禁为之哑然失笑！

比较温和、比较谦逊的，是开尔文勋爵的"两朵云"的说法。这说法已经尽人皆知。但是应该指出，即使在当时的眼光看来，所谓经典物理学的晴空中也绝不仅仅只有两朵云。物质比热的理论遇到根本性的困难，原子的巨大稳定性得不到差强人意的解释，原子结构问题甚至还没有什么眉目，光谱学的研究还停留在积累经验数据、摸索经验规律的阶段……这一切，岂不都是随时可以酿成暴风雨的颇大云朵吗？

认为理论物理学"已经完成"，这是一种过分乐观的看法；认为今后没有什么工作可搞,却又是一种过分悲观的看法。大家知道,历史的发展嘲笑了这些荒唐观点。

大家也知道,新的现象、规律和观念的大量出现,又唤起了另一种极端的看法,那就是所谓"物理学的危机"的杞人之忧。虽然这个问题在历史上也早已有了定论,但是,在转入我们的正题之前,对当时的历史背景略略做一回顾,恐怕也还是不无教益的。因为,正是在这样的背景下,出现了物理学史上一个光芒四射、英雄辈出的时代,而我们所要介绍的泡利,正是这时代的杰出人物之一。

二、天才班级中的天才学生

泡利在 1900 年 4 月 25 日降生于奥地利的首都维也纳,也就在同一年的年底(12 月 14 日),普朗克初次提出了能量子的概念,在理论上打响了 20 世纪物理学革命的第一枪。在随后的三四十年中,人类对于自然界的观念发生了多方面的根本性变化,其急剧程度简直是没有先例的,而泡利恰恰生在这个时候,真可谓适逢其会,得天独厚!

泡利的父亲约瑟夫·泡利是一位医药化学家,在当时颇有名望,还发表过不少的论文。因此,物理学家泡利在 1928 年就任瑞士苏黎世联邦工业大学的教授职位以前,一直是以"小"泡利的署名发表论文的。泡利幼年期间受洗时的教父是马赫。按照泡利的学生恩兹的叙述,马赫是对泡利的思想产生过巨大影响的人物之一。

维也纳是欧洲著名的文化城市之一,泡利的童年就是在那里度过的，但是他曾经半真半假地说那地方是一片"精神沙漠"。按照泡利自己的叙述：他在读中学时曾在假期中自修数学，夜间读书常常持续到凌晨两点；开学以后，他父亲强迫他必须每晚十一点就寝，这样一个学期后，他的身心健康才能得到恢复。

泡利于 1918 年在维也纳的一个高中毕业。他所在的班级在该校的校史上以"天才班"闻名。当时班上共有 27 个（男）学生，后来两人成为诺贝尔奖获得者（泡利和库恩，后者获得 1938 年度的化学奖），两人成为著名演员，三人成为大学教授，两人成为医科学校的主任，一人成为音乐史学家，一人成为政治家，数人成为实业家。在这些人中，享有国际的、历史的、持久的盛名的，当然应该首推泡利。

三、在相对论方面一鸣惊人

泡利在中学自修了物理学。中学毕业以后的 1919 年，他被父亲介绍给慕尼黑大学的著名物理学家索末菲，泡利要求不上大学而直接做索末菲的研究生。索末菲表示他可以去听当时正在讲授的课程，但怀疑他能否听得懂。泡利说："肯定能懂。我能不能也参加讨论班？"所谓讨论班，是为高年级的研究生安排的，索末菲当时认为泡利去参加是毫无意义的，但是后来发现他是班上掌握问题最快、理解问题最深和最有才能的一个参加者。

事实上，当泡利还在维也纳时（1918），他就已经写了一篇关于引力场的能量分量的论文。到了慕尼黑以后，他接着又发表了两篇关于广义相对论的论文。这些论文立即为他赢得了很高的声誉。不久，有人要出一套《数学科学全书》，索末菲竟然推荐年轻人泡利为该书撰写相对论方面的综述文章。这一长篇论著后来出了英译单行本（增加了补注），至今还被认为是相对论方面的经典著作之一。关于这一论著，最能说明问题的也许是爱因斯坦本人的评论：

> 读了这篇成熟的、构思宏伟的著作，谁也不会相信作者是一个 21 岁的（青年）人。思想发展的心领神会，数学推导的精湛，深刻的物理洞察力，流畅系统的表达能力，文献知识的广博，题材的完备处理，评价的恰到好处——人们简直不知最先称赞什么才好。

我们知道，泡利的大部分精力是用在了量子物理学方面的，但他对相对论一直保持了相当浓厚的兴趣和注意力。他后来还断断续续地发表过一些这方面的论文，虽然为数不是很多，但其学术价值却是很高的。

我们知道，爱因斯坦一直坚决反对量子理论的诠释方面的非决定论倾向，他和哥本哈根学派的代表人物争论了一生，而泡利则是基本上接受哥本哈根观点的。因此，在学术观点上，爱因斯坦和泡利是不可能没有矛盾的。但这并没有影响他们二人的互相敬重。第二次世界大战期间，泡利在美国普林斯顿高级研究所工作了一段时间。1946 年，他从那里到欧洲访问（后来就回到了苏黎世的联邦工业大学），临行之时，研究所的同事们为他举行了送别活动。在宴会上，当时已经年老多病的爱因斯坦完全出人意外地站起来发表了一番十分感人的讲话。他指定泡利作为他在研究所中的后继者，他称泡利为他的"精神上的儿子"，他希望泡利把他的工作继续下去。尽管泡利在学术讨论中是以语言犀利著称的，但他对爱因斯坦却一直是相当尊敬的。

四、和玻尔的遇合

前面提到的恩兹认为，对泡利一生影响最大的有三个人，即他的教父马赫、他的导师索末菲和他的"哲学家朋友"玻尔。事实上，仅仅把玻尔说成是泡利的"哲学家朋友"，恐怕是很不妥当的。这三个人的照片，是泡利在联邦工业大学的办公室中仅有的照片；后来泡利的办公室搬了房间，马赫的照片就被改挂到召开讨论会的房间里去了。

泡利在慕尼黑度过了两年，于1921年以一篇关于分子模型的论文获得博士学位。他的这篇论文是他在旧式量子论方面的最早贡献。所标日期为1921年7月25日的博士证书上提到他"成绩优异"。

1922年6月，玻尔应邀到德国格丁根讲学。当时泡利在格丁根大学任玻恩的助教，海森伯还在慕尼黑的索末菲那里。他们都和许多著名的物理学家一起参加了听讲。在讨论问题的过程中，泡利和海森伯的发言引起了当时也还不到37岁的玻尔的注意。随后玻尔就找了他们的导师和他们本人，表示愿意邀请他们两人到刚成立不久的哥本哈根理论物理学研究所去工作。当时玻尔已经久负盛名，他的这一邀请对两个青年人确实是很大的鼓舞。从那时起，他们就和玻尔结下了不解之缘。在以后的年代里，泡利和海森伯时常来往于德国和丹麦之间,但是他们工作所取得的贡献,恐怕主要还是受到了玻尔的鼓励——海森伯曾经谈到他刚到哥本哈根时的那种耳目为之一新的印象。

泡利本人也谈到过他当时受到邀请的情况。有一天玻尔带着助手克莱因去看他,表示希望他到哥本哈根去协助出版玻尔论文的德译本。此事使他甚感意外,于是他就

> 带着只有青年人才会有的那种自信态度回答说:"我几乎不认为你对我提出的科学要求会给我造成任何困难,但是学习丹麦语那样的一种外国语将是我力所不及的。"这句话引得玻尔和克莱因哈哈大笑,于是我就在1922年秋季去了哥本哈根,在那里我的两种论点都被证实了是错误的。

接着,他谈到虽然丹麦语有许多特殊之处(例如整数的表达方式),他却还能够理解,而他刚到哥本哈根时所遇到的对"反常塞曼效应"的解释却使他伤透了脑筋——此事我们将在下面进一步论述。

人们把玻尔叫作"国际化科学的象征",他的研究所是向全世界的科学家敞开大门的。玻尔有很好的幽默感,坦率真诚,平易近人,胸怀阔大,能够体贴别人和尊重别人,当时他的研究所是人才济济,不拘一格。其中,有的人性情幽默,爱开玩笑,会画漫画,作打油诗(例如伽莫夫);有的人不拘形迹,不拘礼节,甚至近于狂妄——最著名的就是朗道。玻尔和这些人全都相处得很好,给他

们每一个人留下了不可磨灭的良好印象。

泡利也是这些人中的佼佼者。他的特点在于思维周密，反应锐敏，语言犀利，善于发现问题，在讨论问题时常常能够提出尖锐的意见。在这些方面，他和朗道颇有相似之处。他们的朋友埃伦费斯特曾把泡利叫作"上帝的鞭子"，以形容他批评别人时的不留情面。

据当时目击者说，甚至像玻尔那样受到普遍尊重和爱戴的领导者，在讨论起问题来泡利都会对他大声喊叫："住口，别冒傻气！"玻尔很温和地说："但是，泡利你听我……"泡利立刻顶回去说："不，我一个字也不要再听！"这样的情况是违反学术讨论的惯例的，但这却是哥本哈根的独特惯例。人们在讨论问题时可以吵得很凶，泡利等人会说出一些很不客气的话来，但是他们的意见常常包含一些很深刻的、发人深省的内容，所以这样的争吵一般不会造成什么芥蒂——据说如果有人在这种场合下感到不快，那人便会被认为没有风度。让我们看看玻尔是怎样评价泡利的：

确实，每个人都渴望听到泡利用那永远很强烈和很幽默的语言表示出来的对于新发现和新想法的反应，以及他对新开辟的前景的爱与憎。即使暂时可能感到不愉快，我们也永远是能从泡利的评论中获益匪浅的；如果他感到必须改变自己的观点，他就极其庄重地当众承认，因此，当新的发展受到他的赞赏时，那就是一种巨大的安慰。同时，当关于他的性格的那些轶事变成一种美谈时，他就越来越变成理论物理学界的一种良知了。

五、不相容原理和自旋

1912年，玻尔在曼彻斯特准备他那几篇划时代的论文时，他已经意识到有可能利用卢瑟福的有核原子来对化学元素周期表做出一种理论解释，而这种解释不可避免地就要求有一种安排核外电子的法则。玻尔很早就意识到，核外电子不可能全都挤在离核最近的轨道上，而且通过分析光谱数据，他也早就认识到最里圈的轨道或壳层上只能容纳两个电子。在后来的一些论文中，他通过把核外电子一个一个地安插在适当的轨道上面"建造出"各种原子，来对周期表进行了解释。在这样做的过程中，他总是尽可能以光谱数据和X射线谱数据作为事实依据，而完全不是随心所欲、信口开河的。这时他发现，事实上不得不承认电子在占据轨道时表现出某种不相容性，而且在他于1920年前后写的一些论文中（包括1922年的诺贝尔物理学奖演说在内），他已经将那种不相容性叙述得相当明显了。这时他也很习惯地使用了"闭合壳层"之类的概念，不过他在表示电子的运动态时通常只引用两个量子数，而且也没有把上述那种不相容性当作一种原理确定下来。

按照泡利自己的叙述，他发现不相容原理，可以追溯到他在1919年开始在索末菲的指导下研究原子结构的时候。关于元素周期表中各周期所包含的元素数目2、8、18……以及由里德伯指出的这些整数等于$2n^2$这一事实，当时在慕尼黑是经过反复讨论的。这种讨论给泡利留下了深刻的印象，所以他于1923年为争取在汉堡大学任无工薪讲师时发表的演讲就是关于这一课题的——其时已是他在哥本哈根接触到反常塞曼效应问题之后。

泡利在1923—1924年连续发表了几篇解释反常塞曼效应的论文。在这种研究中，他不得不比玻尔更加细致地分析了原子中各电子的光谱项（玻尔也在很早的阶段就讨论过塞曼效应和斯塔克效应，但是当时理论条件还不成熟）。在1924年12月2日交稿的论文中，他以一种还不是很明显的方式引入了后来所说的自旋量子数。他把这种量子性叫作"经典地不可描述的二值性"。当时电子自旋的概念还没有提出。泡利于1925年得悉了由不同研究者提出的电子自旋的概念，他曾因这种概念的经典模型和狭义相对论不能相容而对它表示过强烈的不相信。那时玻尔和海森伯也抱有同样的看法，但是他们两人在1925年12月就改变了态度，而泡利却直到1926年3月才被汤玛斯的计算所说服。

泡利的不相容原理是他在1925年1月16日交稿的一篇重要论文中提出的。当时虽然有人对他谈起过一点关于电子自旋的想法，但他完全不肯相信。因此，他的文章完全没有涉及自旋概念，而他所用的四个量子数也和今天所用的不尽相同。

值得注意的是，不相容原理也好，电子自旋也好，都是在量子力学还没有正式诞生时提出的。今天我们对这二者的理解，早已和泡利等人当时的认识很不相同了。按照今天一般教本的表述形式，很容易使我们得到一个印象，不相容原理和自旋仿佛是量子力学的一些推论，这和历史事实是不相符的。

"由于不相容原理又称泡利原理的发现",泡利获得了 1945 年度的诺贝尔物理学奖。时至今日,不相容原理的重要性早已不仅仅局限于原子结构方面了,不相容原理和粒子自旋之间的关系也通过泡利等人的努力而得到阐明了。因此,我们强调这一原理在微观物理学中的独特重要性,称颂泡利发现这一原理的历史功绩,完全是应该的,是恰如其分的。但是笔者个人的观点是,从当时的历史情况来看,这一原理的初步想法却早已包含在玻尔等人的科学论著中。泡利的功劳在于增加了必要的量子数,并且放弃了关于经典解释的寻求而把那种在实验资料中表现得不容否认的不相容性作为原理加以肯定。泡利确实很有天分,但他从研究反常塞曼效应到发现不相容原理,是经过反复的探索,付出了艰苦的劳动,以别人的工作为基础,历时一两年才取得的。如果认为不相容原理的宣布有如一种"魔法动作",使一切事物都突变式地在一瞬间变成了各得其所,那恐怕是不够妥当的。

六、量子物理学

海森伯于 1925 年创立了量子力学。他起初试图从氢光谱的分析着手,但是发现问题过于复杂,于是转而研究了振子问题,并将所得结果于 1925 年 6 月 24 日写信告诉了泡利。当年泡利在关于相对论的论文中曾经提出"计算中只应出现本质上可观察的量"的原则。这一原则显然是在马赫的思想影响下提出的,在海森伯的工作中得到了承认、体现和传播。

在海森伯的文章发表以后,几乎立即出现了玻恩、约尔旦、狄拉克等人的一系列重要论文，这些论文初步奠定了矩阵力学的形式基础。在这一期间，泡利也起了很大的积极作用，他在 1925 年 10 月就已经得出的氢原子结构的量子力学解，使得海森伯喜出望外。

1926 年 6 月，出现了薛定谔的关于波动力学的第一篇论文，引起了泡利的很大重视。他立即着手证明了波动力学和"格丁根力学"（即通常所说的矩阵力学）的等价性。但是薛定谔的证明出现得早了一步（1926 年 3 月 18 日交稿），所以泡利没有发表他的证明，而只将自己的结果写信通知了约尔旦（1926 年 4 月 12 日）。泡利通常是亲手写信的，而这封信却用打字机打成，而且他自己保存了副本，这表明他认为自己的证明还是有其重要性的。

有人把从 1925 年开始的几年叫作现代物理学发展中的"黄金时代"。在短短的四五年内，人类对于微观世界及其运动规律的认识得到了突飞猛进的发展。在那段时间内，哥本哈根的讨论会和交流会开得如火如荼，一个接着一个。在这些讨论会上，泡利的发言常常变成"鼓舞人心的巨大源泉"（玻尔语）。这被认为是泡利对量子力学发展的贡献中一个不容忽视的部分。正因为从一开始就积极参加了量子力学的创建工作，而且往往比别人理解得更加深刻，泡利曾经写过不止一篇关于量子力学的长篇综述性文章，其中最重要的一篇写于 1933 年，发表在盖革和谢尔主编的《物理大全》上，题为《波动力学的普遍原理》。这一论著及其经过修改的单行本，被认为可以和泡利在 1921 年撰写的关于相对论的著名论著相媲美，至今仍是量子力学中的重要文献之一。

海森伯和约尔旦曾在 1926 年联系到反常塞曼效应讨论电子自旋

的问题，但是在试图把自旋坐标引入薛定谔方程时遇到了困难。泡利在 1927 年 4 月发展了磁性电子的非相对论式的量子理论，引入了二分量的波函数和著名的泡利自旋矩阵。泡利强调指出，他的理论是过渡性的，因为真正合理的理论应该是相对论式的，而过了不到一年的时间，就出现了狄拉克的相对论式电子理论。后来范德瓦尔登评论说，泡利似乎低估了自己的方法和结果的重要性，因为他的工作直接诱发了一系列的重大进步。狄拉克引用了四分量的波函数。按照范德瓦尔登的说法，从一分量到二分量是一大步，从二分量到四分量是一小步。

到了 1927 年，海森伯的测不准原理和玻尔的互补原理相继出现了。这样，量子力学的数学结构不仅已经基本完成，而且它的物理内容也在一定程度内得到了可以自圆其说的一种诠释。创立量子力学的一些重要人物——泡利生于 1900 年，海森伯和费米生于 1901 年，狄拉克和约尔旦生于 1902 年，这些人全都不到 30 岁就已经名满全世界了。因此，到了 1929 年，略小了几岁（1908 年出生）的朗道就发出了"余生也晚"的感慨，他在一次学术会议上遗憾地说："所有的好姑娘都被人家领走和娶走了，所有的好问题都被人家解决了，剩下来的哪一个我都不喜欢。"

这就又在新的形势下重蹈了普朗克的老师约里的覆辙。事实上，剩下来的"好问题"还不可穷尽呢！

量子场论的出现到底始于何年？不同的学者可以有不同的说法。但是不管怎么说，在量子力学已经基本确立以后，泡利在大力发展量子场论方面是起了开风气之先的作用的。1928 年，他和约尔旦一起发展了一种洛伦兹不变的关于自由电磁场的量子电动力学。1929 年，他和海森伯一起发表了两篇至今仍被认为很重要的论文，引入了场的正则量子化的方法。这些文章起了奠定量子场论的基础的作用。从那时起，泡利就把自己后半生的主要精力贡献给了量子场论方面的研究。

1932 年正电子的发现，给泡利的量子场论工作指明了一个新方向。他首先考虑了自旋为零的场，并在 1934 年发表了和韦斯考普合写的论文（他于该年的 4 月 4 日结了婚，夫妻感情一直很好），关于零自旋的场的研究，提出了不相容原理对这种场是否适用的问题。随后，泡利和其他物理学家通过努力，终于确定了自旋 - 统计法关系。这种关系总结在泡利于 1940 年 8 月 19 日从普林斯顿寄出的著名论文中，当时他为了逃避法西斯的迫害，刚刚到达普林斯顿不久。

在普林斯顿停留期间，他积极研究了核力的介子理论，并和许多人一起发表了一系列的重要论文，此外还在大学中讲授过这方面的课程，并出版了有关的讲义。不过，在这些工作中，他主要注意的问题还是场论方面的而不是原子核结构方面的。

在 20 世纪 40 年代末期，朝永振一郎、施文格、费因曼、戴森等人的工作在量子场论中造成了新的形势。当时，泡利已经回到苏黎世的联邦工业大学，在那里积极地开展了这方面的研究工作，集合和培养了相当一批后来很有成就的理论物理学家。根据他于 1950—1951 年在联邦工业大学的讲稿而整理出版的论文集，是这方面的专家们经常参考的重要文献。

泡利对量子场论的兴趣一直持续到他生命的最后时刻，他在各方面进行过分析和探讨，得到了一系列重要的或有启发性的结果。

七、中微子及其他

人类认识中微子的过程，也是现代物理学史中很有兴趣和发人深思的一章。泡利本人曾于1957年1月21日晚间在苏黎世自然科学会的一次学术会议上追述了这段历史。那是激动人心的一天，因为泡利在当天下午收到了美国同道的来信，报道了吴健雄等人关于β衰变和u衰变中宇称不守恒的初步实验结果，在同一天的上午，他还收到了在日内瓦的友人寄来的《纽约时报》上关于这一发现所引起的轰动的报道，并收到了由李政道、杨振宁等人撰写的两篇关于二分量中微子的理论论文。泡利当时十分激动。他发表了一篇精彩的演讲，在即将结束时抛出了宇称不守恒的惊人消息，并对这一问题的重要性发表了即席的感受。问题涉及的是中微子，而最初提出中微子概念的正是泡利。关于宇称是否守恒的问题，他曾经说过不相信"上帝是左撇子"，现在，他自己的"头脑儿女"即中微子的"左撇子性"的被揭示却比它的诞生引起了更大的轰动。当天下午，他就给吴健雄写了信；过了几天，他又给韦斯考普写了信。后一封信的手迹，已被复制在他的论文集的前面。

问题要从那个世纪的30年代谈起。在放射现象的研究中，β能谱的连续性一直困扰着人们。在1930年，迈特纳等人对β能谱进行了量热学的测量，测得的能量和能谱的平均能量相对应而不是和它的最大能量相对应，这就大大增加了有关问题的尖锐性。为了解释这种现象，迈特纳曾经推测能谱的连续性或许是一种次级过程的后果，海森伯认为也许应该求助于一种更新颖的动力学并引入距离的最小单位，而玻尔则重新提起了他那能量的统计守恒性的假说。泡利认为这许多说法都不太可信；在他看来，唯一的出路就在于承认原子核在放出 β 电子的同时还放出另外一个粒子，这个粒子具有很大的穿透性，以致在所有的仪器中都没有留下踪迹。他起初把这种假说性的粒子叫作"中子"；在发现了现在所说的中子以后，费米才把它的名字改成了中微子。当时按照泡利的设想，这种粒子的性质有的类似于今天的中子的性质，有的类似于今天所说的"电子性反中微子"的性质。

泡利的这种观点，最早是在 1930 年流露出来的。那年的 12 月，在蒂宾根召开了讨论放射性问题的会议，曾经邀请泡利出席。但是到了会期，泡利因为"必须"参加一次舞会而不能前往，于是他给"亲爱的放射性女士们和先生们"写了一封"公开信"。这封信实际上是写给出席会议的迈特纳和盖革的。泡利在信中"几乎是以开玩笑的方式"第一次阐述了他的"中子"假说。1931 年 6 月，美国物理学会在帕萨迪纳召开学术会议，泡利在会上公开谈到了他的想法。同年 10 月，泡利在罗马的一次关于核物理学的会议上见到了费米，而后者马上被泡利那种想法所吸引。从那以后，以泡利和费米为先驱，弱相互作用的理论研究和实验研究都取得了长足的进步。这在很大程度上推进了人类对于基本粒子这一层次上的微观规律的认识。在这一方面，泡利的贡献（包括 CPT 定理的论述）是相当杰出的。

必须指出，当泡利提出他的假说时，人类知道的实物组成中还只有两种基本粒子，即质子和电子，那时连中子都还没有发现。在那样的形势下，有人出来说除质子和电子外还有一种"观察不到"的中性粒子，那确实是颇有点"离经叛道"的嫌疑的。因此吴健雄才在纪念泡利的文章中写道：

> 后世的人们既已看到中微子假说的胜利成功，也许永远不能体会提出这样一种……概念时所需要的胆量和洞察力。

但是泡利提出他的假说，却绝不是草率从事而是经过了深思熟虑的。他不但考虑了 β 衰变中的能量问题，而且考虑了自旋和统计法方面的问题。这些问题都可以借助于他的假说来加以说明。

尽管如此，中微子假说也还不是一下子就得到了普遍承认的。费米本人在 1936 年发展了 β 衰变理论，但他也在相当程度上保持了慎重态度。

> 我记得，在 1937 年的夏天，我们在康奈尔大学开了一次关于 β 衰变理论的会议，而且我们有许多人对它很不放心，而这时费米则坐在后排的听众中间像平时那样不住地微笑。人们设法请他发表意见，他说："人们这样认真地看待这个理论，一直是使我感到惊奇的。"

但是中微子假说经受住了时间的考验。1956年6月15日,泡利收到了莱因斯和柯万从美国发来的电报:

现谨奉告:通过观察质子的逆β衰变,我们已经确定地从裂变碎片中观测到中微子,测得的截面和预期值6×10^{-44}厘米^{2}符合得很好。

关于中微子的存在,虽然当时从理论上来说已经很少有人再怀疑,但是在提出假设的27年以后,终于在实验上得到了比较直接的证实,这毕竟是十分令人兴奋的。泡利当晚就做了答复:

得来电,甚感,知道如何等待的人会等到每一事物。

随后他又于7月在CERN(欧洲核子研究组织)的讨论会上宣布了这条新闻。他说:"不然的话,每人都会分头去问我。"

新的实验成果使泡利对β衰变的问题产生了新的兴趣。正当他忙着进行理论概括时,却又暴发了前面提到的宇称不守恒的历史事件。泡利很快地做出了反应,结果就写出了1957年5月14日交稿的那篇关于β衰变相互作用的普遍形式的重要论文。

泡利在晚年一度致力于统一场论的研究。海森伯曾经希望根据单独一个方程设法得出一切种类的基本粒子。泡利曾经很热心地和海森伯一起进行过这方面的工作,但是后来他认为理论中的矛盾太多,所以从1958年春季开始又把兴趣转向了别的方面。

八、几点补充

1. 恩兹在论述泡利的科学工作的文章中谈到了泡利的哲学思想。按照恩兹的介绍，泡利早年深受他教父马赫的思想影响，自称为"反形而上学的后代"；到了慕尼黑以后，在他的导师索末菲的影响下对开普勒的思想颇为注意，思想上有过毕达哥拉斯学派的倾向，后来结识了玻尔，参加了探讨量子力学的理论诠释工作，对玻尔的互补观点颇有同感，论述过意识自由、自然科学的界限等问题；晚年在苏黎世和荣格有过交往，二人进行过"广泛而本质的讨论"，思想上互有影响。在这些影响下，泡利发表过一些带有认识论性质的文章和言论。此外恩兹还指出，在泡利的思想中，场的连续性和电荷的不连续性之间的矛盾，一直是一个亟待解决的问题，从青年到老年，他对这个问题进行了多次的探讨。因此，恩兹就说：

> 泡利不仅仅是一个有着非凡的分析技能和数学技能的物理学家，他也是一个自然哲学家。

这话当然有一定的根据和道理，但是对于历史上真正有影响的每一个物理学家（特别是理论物理学家）来说，这话恐怕都能适用。在欧美各国，物理学家受到种种的哲学影响恐怕是不可避免的。因此，把一个伟大学者看成一个物理学家或看成一个（自然）哲学家，这往往也是一个见仁见智、很不容易讨论清楚的问题。但是笔者认为，像泡利、狄拉克这样的人物，虽然有时也谈谈什么人类知识之类的问题，他们的毕生精力却主要是用到物理问题的探索上的。只是因为所研究的问题往往带有很大的普遍性和根本性，所以他们有时难免碰到这样或那样的哲学问题——不如此也不会成为大学者，而只能成为专门家。因此，可以说，这样的人正是真实意义下的大物理学家，大可不必把他们划到哲学家的圈子里去。这里不存在什么"仅仅"和"而且"的问题，因为物理学家和哲学家在身份上并没有任何高下之分。就是像爱因斯坦、玻尔、海森伯这样的人，虽然他们更加喜欢有意识地谈论和探讨带有哲学性质的问题，但是他们的主要活动和主要成就也还是在科学方面而不是在哲学方面，他们和专门研究科学哲学的人们还是颇不相同的。因此，在我看来，即使对于这样的学者，也还是把他们叫作科学家为好。

当然，并不是说没有必要分析一个科学家的哲学观点和哲学倾向，分析这种问题是非常重要的。但是一个科学家的哲学思想往往会有相当复杂的成分，而且会有各式各样的表现，他们自己又往往叙述得不是那么详细、那么系统化，因此研究起来一般颇不容易，绝不是简单从事或望文生义所能奏效的。

另外，研究一个科学家的科学思想也是非常重要的，也许可以说比研究他的哲学思想更加重要。

2. 如上所述，泡利在 20 世纪物理学的两个显赫的领域即相对论和量子物理学的领域中都做了很重要的工作，达到了很高深的造诣，留下了带有经典意义的文章和论著。这种情况，即使在很杰出的理论物理学家中间也是并不多见的。不但如此，泡利在另外的物理学领域中也做出了很可贵的贡献。早在慕尼黑时期，他就写了几篇关于气体的介电性质和磁性质的论文，显示了他青年时期在统计物理学方面的兴趣和才能。在哥本哈根，他也写过一篇统计物理学方面的文章，利用康普顿效应中的能量-动量守恒来推导了普朗克定律。在 1925 年和 1926 年，他又发表了关于固体性质的两篇论文，分别处理了介电晶体的红外吸收和固体的所谓泡利顺磁性。在后一篇论文中，泡利应用了费米-狄拉克统计法。当谈到这篇论文时，派斯曾经说："现代的金属电子论始于泡利关于电子气体的顺磁性的论文，也许不算什么夸张。"而泡利本人的说法则是："我不喜欢这种固态物理理论……虽然是我创立的它。"在这里，"现代的"和"这种"两个形容词，是值得特别注意的，因为经典的金属电子论至少在 19 世纪后期就已出现，而人类对于固体性质的研究更不是自泡利始。这里涉及的只是量子力学出现以后的情况。除此以外，泡利还在其他方面做过一些统计物理学的研究工作，这里不再一一论述。

3. 泡利于 1958 年 12 月 15 日在苏黎世红十字医院病逝。他一生总想弄明白精细结构常数 α 为什么等于 1/137，而临终所在的病房恰好是 137 号，这也算是一种巧合了。

本来，在他逝世以前，朋友们曾经筹备出版论文集以庆祝他的 60 寿辰。后来他不幸早逝，没有活到 60 岁，计划中的文集还是出版了，只是原拟的庆贺文集变成了纪念文集。这本书中编入的文章，分别综述了泡利一生在物理学各个领域中的重要贡献。

1964 年，出版了两卷本的泡利《科学著作集》，书中不但收录了泡利历年的重要论著，而且收录了他写的一些书评，因为编者们认为这些书评更清楚地体现了泡利性格的某些特点。

1973 年，出版了六卷本的《泡利物理学讲义》，收录了泡利在 20 世纪 40 年代到 50 年代期间在苏黎世联邦工业大学讲授理论物理学课程的讲稿。这六卷书很有特点（逻辑严密，内容精练，注重理论），和以上所举的两种书，都是了解泡利的重要文献。

4. 如上所述，泡利天资聪颖，才智过人，语言犀利，反应锐敏，具有一种不同凡响的机智和幽默，因此，关于他的传说和逸闻，在物理学界流传得颇多。现在略举数则，聊当"颊上三毫"。

（1）有人看到泡利在哥本哈根街道上愁眉苦脸地行走，于是就问他为什么显得那么不高兴。泡利回答说：当一个人正在想到反常塞曼效应时，他怎么能显得高兴呢？

（此事系泡利所自述）

（2）泡利不擅实验，进了实验室常常碰坏仪器。有一天，哥本哈根研究所的某一部仪器忽然坏了，大家分析了好久找不到原因。后来有人提出，那一天泡利从别的地方来到哥本哈根，他搭乘的火车刚刚进站，仪器就坏了，所以这是一种"泡利效应"。

（3）泡利有一个未酬的壮志，就是要从理论上理解精细结构常数 $\alpha=1/137$。他设想，如果找到一种理论，能够合理地推出 α 的值，我们也许就能解开基本粒子之谜，也许就能弄明白为什么存在这么一些基本粒子，以及它们为什么有这种或那种的特征和性质。他一直没有找到解决这个问题的门径。按照外国的宗教传说，人生在世有什么不满足之处，死后入了天国可以向"上帝"要求自己所最希望得到的东西（例如财富、美貌等）。因此，在泡利逝世以后，有人就编了一个故事：泡利的灵魂进了天国，就请求上帝让他知道为什么 α 等于 1/137，于是上帝就交给他几张小纸片说"这就是证明"；泡利接过去看了一遍，就操着德语说："Dasist falsch！"（这是虚妄的！）——连上帝都得挨泡利的批评！

（作者：戈　革）

海森伯
学术瞩目和人品争议 [1]

海森伯

(Werner Karl Heisenberg,1901—1976)

---

[1] 本文资料的收集得到了丹麦尼尔斯·玻尔文献馆和纽约 AIP 物理学史中心 (Center for History of Physics) 的慷慨资助和热心支持,谨此致谢。作者也特别感谢罗森塔尔博士在多次的亲切交谈中提供了许多第一手的材料。

海森伯的大名在全世界物理学家中间是极其响亮的。例如有位丹麦的科学史家埃里克（丹麦尼尔斯·玻尔文献馆的前任馆长）就坚决断言海森伯是20世纪第三位最伟大的物理学家，泡利和狄拉克都得靠后。埃里克曾历数了海森伯的"十大功劳"。他在哥本哈根开的一门量子史课程叫作"从玻尔到海森伯"，用他的话说就是"从一个伟人到另一个伟人"。

另一方面，关于海森伯的立身行事，人们的见解却分歧极大，大家议论纷纭，莫衷一是。

本文拟对这些问题做一概括的评介。限于篇幅，有些细节将省略不多谈了。

一、生平简历

海森伯于1901年12月5日生于德国的维尔茨堡；父亲是古语文学家，全家于1911年移居南德后任慕尼黑大学拜占庭学教授；母亲是一位中学校长的女儿。海森伯有一个哥哥，比他大一岁半。

海森伯从上小学时成绩就很好，学习毫不吃力。1918年春天，由于受当时经济条件的影响，他曾停学一年，到一个农场从事体力劳动，以赚些钱来补贴家用。那时他就有志研习康德哲学。他一生爱好音乐，擅弹钢琴。欧战结束后，德国政局混乱，在某次地方性的战乱中，海森伯曾替军队干过装子弹和放哨之类的工作。这时他结交了一些青年朋友，并参加了后来兴起的"青年运动"。但是他当时已经不喜欢空洞浮泛的政治议论，觉得政治讨论不如科学和哲学有意义。这时他接触了原子概念，并自学了外尔的《空间、时间和物质》一书。

1920年入大学时，他起初想学数学，但是遭到了一位数学教授的拒绝，于是他进了慕尼黑大学索末菲的物理学研究所。在这里，他很快和比他大一岁的泡利交上了朋友。他们两位都不喜欢实验，上实验课时总是敷衍了事。结果，泡利后来得到了"泡利效应"的名声，海森伯在博士学位考试中也遇到了麻烦。

海森伯在索末菲那里过得很好。1922年夏，他随索末菲到格丁根听玻尔讲学，他在讨论中的发言引起了玻尔的注意，这就是他和玻尔结交的开始。1922—1923年的冬季学期，索末菲赴美讲学，海森伯转往格丁根的玻恩那里，很得玻恩赏识。回到慕尼黑以后，他很快就以一篇关于流体力学的论文获得博士学位，然后就去玻恩那里当了助教。1924年7月，他又以一篇关于塞曼效应的论文取得大学授课资格。

1924年9月，他按照两年前和玻尔的约定去了哥本哈根，在那里玻尔对他产生了深远的影响。他后来回忆说：

> 我在索末菲那里学到了乐观精神，在格丁根学到了数学，在玻尔那里学到了物理学。

这句话深刻而生动地集中反映了三位大学者的不同特征，值得我们反复体会。

海森伯在丹麦待了 7 个月，在那里考虑了玻尔对应原理的更好表述，并和克喇末一起研究了光的色散，这都为他不久以后创立矩阵力学做好了准备。他于 1925 年回到格丁根；同年 7 月，完成了一篇新的论文，此论文标志着矩阵力学的诞生。他的概念在和玻恩、约尔旦的合作中得到了进一步的发展和表述，很快形成了第一种形式的量子力学。1933 年，由于"他对量子力学的创立，而该力学的应用导致了许多发现，包括氢的同质异形体的发现"，海森伯被授予了 1932 年度的诺贝尔物理学奖。

1926 年，克喇末回荷兰去当教授，海森伯被聘到哥本哈根去接替他任玻尔的助手，并成为在研究所领取薪金的正式讲师。在他的推动下，玻尔邀请薛定谔在那年 10 月间访问了哥本哈根，并且在那里进行了有关量子力学问题的大辩论。1927 年初，海森伯完成了关于测不准原理的重要论文，把人们对于量子力学的物理理解推进了一大步。同年 10 月，德国莱比锡大学聘他为理论物理学教授。从那时起，他在莱比锡一住十几年（到 1941 年），经历了社会上的许多动荡，并于 1937 年 4 月结了婚，夫人名伊丽莎白。他在莱比锡培养了许多很有成就的理论物理学家，其中包括他的第一位博士研究生布洛赫，以及后来和他过从甚密的魏茨泽克，我国的前辈物理学家周培源先生和王福山先生也在他那里工作过。

当第二次世界大战在欧洲战场上展开时，德国的某些人士开始考虑研制原子武器的问题。经过错综复杂的发展，德国军方终于把这方面的技术领导任务交给了海森伯。在此期间，他的主要精力都用到了这一方面。战争末期，海森伯和另外 9 位德国科学家被盟军送往英国拘留一年。后来盟方同意重建德国科学事业，他们先后被释放。1948 年以后，海森伯在慕尼黑任普朗克物理学和天体物理学研究所所长，兼任慕尼黑大学教授，后于 1970 年退休。从 1975 年起，他的健康情况日见衰退，于 1976 年 2 月 1 日在慕尼黑逝世。他的一生获得了包括诺贝尔奖在内的许多荣誉，身后有子女七人。

二、学术成就

从前有一位文学家说过，一个人平生应该有一两件最值得踌躇满志的事，例如王勃作《滕王阁序》或武松打虎。对海森伯来说，平生最得意的当然是他创立了矩阵力学。但是一位伟大的学者通常不会只有一项"老本儿"，他除了最重要的一项贡献，通常还有许多不那么著名但确实也很重要的成就。海森伯也如是。笔者已不能准确地记起埃里克当时(我们在哥本哈根逛大街时)所列举的海森伯"十大功劳"是哪些项目，现在只能根据自己掌握的资料来做一概述了。

1. 早期的工作

海森伯入大学的那一年(1920)，正赶上玻尔正式提出他的"对应原理"。当时人们正在起劲地研究多电子原子，而索末菲在这方面也正做着重要的工作。因此，海森伯也就理所当然地卷入了原子问题之中。

按照当时德国的教育制度，学生们至少要在大学中读六个学期（三年），才能提交博士论文。得了学位以后，经过一段时间的努力，可以提交一篇有分量的论文，以取得"大学授课资格"。这样的人通常是先在大学中当"无工薪讲师"（收入主要来自听课的学生），然后才能逐步提升为"非常教授"（副教授）和"正常教授"（正教授）。

海森伯在索末菲指导下于 1921—1922 年间完成了三篇论文。其中第一篇处理了原子的双重态和三重态的塞曼效应；其余两篇是和索末菲合撰的，讨论了原子多重谱线的宽度和强度等问题。1922 年冬季，海森伯去了格丁根。他在那里在玻恩的指导下也完成了两篇处理多电子原子特别是氦原子结构的论文。

除此以外，他还对流体问题有兴趣。他在慕尼黑写的第一篇这方面的论文就引起了流体力学权威普兰特耳的注意。正是这个人，后来多次向纳粹头子希姆莱和戈林进行说项，在海森伯得到纳粹政权的信任方面起了重要的作用。

另外，他于 1923 年回到慕尼黑以后，所提出的博士论文也是有关湍流问题的。索末菲对这篇论文大为赏识，但是在学位考试（口试）中老派实验物理学家维恩提出的有关光学仪器分辨率之类的实验问题，海森伯却没有给出一个满意的答复。通过索末菲的努力，海森伯才勉强通过了考试。

获得博士学位以后，海森伯到格丁根去做玻恩的第二助教（第一助教是洪德）。一年以后，他就以一篇关于反常塞曼效应的论文取得了大学授课资格。

2. 在丹麦的工作

1924 年，海森伯到了哥本哈根，在玻尔的研究所中受到了深远的思想影响。他考虑了如何更好地表述对应原理的问题，并和克喇末一起研究了原子对光的色散问题。他们一起推广了拉登堡的理论，得出了很重要的色散公式。后人认为，这一工作实际上打开了矩阵力学的门径。

3. 矩阵力学的创立

关于这段历史，人们已经论述得很多了（也很重复了）。一方面，这种新力学必须看成玻尔理论特别是对应原理的嫡传后代，所以矩阵力学一出现，玻尔就伸出双臂欢迎了它。另一方面，新的理论当然不可能仅仅是旧原理的再表述，它肯定是包含了很重要的新想法和新发现的。例如，人们常常强调海森伯放弃了"轨道"概念而只运用了在实验中可以观测的量。就连海森伯本人，也一度认为这是受了爱因斯坦对"同时性"概念的分析的启示。但是根据他自己的回忆，当有一次和爱因斯坦谈起这个问题时，爱因斯坦却说："只有理论才能确定什么是可以观察的。"这就一下子把问题"翻"了过来。也许可以说，这个事例突出地指明了主观片面地、望文生义地诠释历史事件或前人思想的危险性。

海森伯于 1925 年初从丹麦回到了格丁根。当时他心中已经充满了一些新的想法。同年 5 月，他得了"枯草热"（一种花粉过敏症），被迫到一个海岛上去疗养。在岛上幽静的环境中，他把玻尔-索末菲量子化条件（积分表示式）改写成了简单的代数表示式，并证明了这种表示式的自洽性，及其和能量守恒概念的相容性。这就标志了新力学的最初诞生。

当时海森伯对自己的结果还有点信心不足,但是眼界甚高的泡利却支持了他。于是他终于在 7 月底通过玻恩而寄出了自己划时代的论文《论运动学关系式和力学关系式的量子论诠释》。

玻恩很快地意识到,海森伯的结果可以用数学上的矩阵理论来表示,于是在海森伯、玻恩和约尔旦的合作下,很快就发表了著名的"三人论文"。在矩阵论的数学形式下这篇论文充分发挥了海森伯的原始想法,初步确立了矩阵力学的理论体系。随着薛定谔波动力学的出现,随着海森伯力学和薛定谔力学的数学等价性的被证明,随着狄拉克变换理论的确立,新量子力学的数学表述形式很快地实现了阶段性的完成。

4. 测不准原理的提出

新力学的应用取得了巨大的成功。在具体问题中取得的结果,或是和以前已有的结果相一致,或是比已有的结果更好。有些以前很困难的问题也有了水到渠成的解。这一切都很可喜。但是新的一套理论体系到底代表着什么物理内容,例如动力学变量的不可对易性到底反映的是什么物理事实,在当时却还是很不清楚的。

这样的"物理性的"问题最能够吸引玻尔,而 1926 年秋天他和薛定谔之间的大辩论更加迫切地触动了他。于是,大约从 1926 年的年底开始,他和海森伯一起对这种问题进行了强有力的探索。他们进行了不遗余力的讨论。到了 1927 年的 2 月中旬,他们觉得受不住了,需要休息。于是他们一起去挪威滑雪。玻尔疲倦得如此厉害,以致他在挪威一直待了四个星期,而正是在此期间,他酝酿成熟关于"互补性"的思想。

海森伯提前返回了研究所，继续思考问题。到 2 月 23 日，他就在一封给泡利的长达 14 页的信中报告了自己的结果。1927 年 3 月 23 日，德国期刊 *Zeit.Pbys.*（《物理学杂志》）收到了他的论文《论量子理论的运动学的和力学的直观内容》，文中阐述了所谓测不准原理的思想。玻尔大约是在 2 月 18 日的前一两天返回哥本哈根的。当他回来时，海森伯的论文是已经寄走了还是没有寄走，现在人们有些不同的说法（这问题涉及海森伯对待玻尔的态度，所以并不是无关宏旨的）。无论如何，他们继续进行了讨论。按照海森伯的回忆，他们有时争论得如此激烈，以致把他气得哭了起来。

海森伯在自己的论文中分析了一些"假想实验"，其中最有名的就是所谓"γ 射线显微镜实验"。说来也凑巧，当年他因为不懂得光学仪器的分辨率，曾经触怒了老辈科学家维恩教授。这一次，在自己的历史性论文中，他又在分辨率的问题上摔了一跤。玻尔指出，在讨论显微镜的分辨率时，他没有照顾到透镜的有限孔径。另外，玻尔也把自己关于互补性的观点告诉了海森伯。结果，在最后发表论文时，海森伯就在校样上增加了一条后记，对玻尔的帮助表示了感谢。

众所周知，测不准原理的大意就是说，微观粒子的位置和动量不能同时有准确的值。因此，任何微观体系的态，永远不可能按照经典力学的意义被准确地认知。这样一来，牛顿力学中的那种因果链就发生了问题（根本无法测定"初态"）。这样的一种结论，当然会极大地震撼物理学界和哲学界。几十年来，人们围绕测不准原理写了许多本书和不计其数的有意义的或东拉西扯的论文。直到今天,它的"余波"犹在!

5. 对铁磁性的探讨

海森伯于 1927 年秋天到莱比锡大学任理论物理学教授。由于教学任务和出国访问 (1929 年访问过美国) 的影响,他的论文发表得不像从前那样频繁,但是他的研究工作并未中断。当时他和他的学生们主要考虑了由量子力学所能得出的各种推论。

海森伯在莱比锡发表的最初两篇论文 (1928),处理了铁磁性的理论。实际上,物质的磁性根本没有经典的理论解释。一般物理学教科书上的所谓解释,例如用拉摩尔定律来"解释"抗磁性的那种做法,其实是只能培养学生不良思想方法的欺人之谈。尤其是关于铁磁性问题,人们习惯于说物质中的"分子磁体"结合成"磁畴",但是它们是怎样结合的,它们彼此之间有什么样的相互作用力,却从来不予说明。这怎能算是解释?在海森伯以前,也有人研究过铁磁性(例如外斯),但是他们的理论大多是从一些专设性的观点出发的,所以到底不能令人稍微有点满意。海森伯利用量子力学中所特有的"交换力"的概念处理了问题。他得出的主要结论是,物质的铁磁性是在泡利原理的规定下由电子之间的静电相互作用引起的。这样,就第一次给出了各"基元磁体"之间的相互作用的物理本性。因此,虽然他所用的微观模型还有许多有待改进的地方,但是他的开创性工作毕竟代表了后来一系列重大进展的开端。

6. 量子电动力学

量子力学刚一出现,人们几乎立刻就想到了用这种新方法来处理电磁场的问题。这一工作首先要把量子力学加以"相对论化"。事实上,薛定谔在他的波动力学论文中,约尔旦在"三人论文"中,克莱因在所谓五维空间理论的研究中,狄拉克在他的电子理论中,都触及了电磁场的量子化问题。但是,把包括静电项在内的整个电磁场当作一个量子体系来进行首尾一贯的系统处理,则是由泡利和海森伯合力完成的。他们在 1929 年联名发表了两篇很长的论文,以当时的知识水平系统地表述了量子电动力学。从那时起,这两篇论文就已经变成了量子场论这一领域中的基本文献。两位作者后来也对这一领域继续保持了历久不衰的兴趣,做出了重要的贡献,培养了杰出的人才。

7. 原子核

在中子于 1932 年被发现以后,许多人各自独立地得到了一种想法:原子核是由质子和中子组成的,而不是像人们以前所想的那样是由质子和电子组成的。海森伯也在这种想法的基础上考察了原子核,而且他比别人更进一步,试着对原子核做了动力学的描述。1932—1933 年,他以《论原子核的结构》为题接连发表了三篇论文。文中虽未明说,但他实际上是把中子看成了质子和电子的复合体。他又是利用"交换力"的概念来处理核内各粒子之间的相互作用,特别是中子和中子之间的相互作用。在表述交换作用时,他引用了一个和自旋算符相仿的新算符。这个算符后来得到了广泛的应用,叫作"同位旋算符"。

8. 战时的工作

海森伯被纳粹军方所重用,是这位伟大学者生活中的一幕悲剧。他在这方面的努力，从社会政治的角度来看是不值得赞许的。但是，海森伯和他的同事们在"铀计划"的执行中也还是取得了一定进展的，而作为技术总负责人的海森伯也想了许多办法，进行了大量的计算。从"认识自然"的角度来看，他的成绩也还是不容否认的。

除此以外，海森伯在战时也做了另外一些理论工作，其中1942—1943 年关于 s 矩阵的研究，后来在有关的理论方面带来了重要的后果。

9. 战后的工作

第二次世界大战以后，海森伯在德国科学的重建中起了重要的作用。他承担了繁重的行政方面和科学政策方面的任务，但是他的科学探索并没有中止。早在大战以前，他就研究过宇宙射线。战后他继续研究了宇宙射线中的簇射和介子产生等问题，发表了一系列的论文。他也重新拾起了早年的兴趣，研究了流体中的湍流等问题。此外他也考虑过超导性，但取得的进展不大。

10. 统一场论

大约从 20 世纪 40 年代中期开始，宇宙射线的研究和用加速器做的实验，导致了层出不穷的新品种基本粒子的发现。这种情况向理论物理学家提出了严重的挑战。按照一般的理解，每一种真正基本的粒子，都需要用一种特定的场来加以描述，而粒子之间的相互作用，则需要用相应的"耦合项"来描述。既然"基本"粒子的品种很多，普遍情况下的场方程就会变得十分繁复，而它的解也会变得复杂得可怕。于是很自然的一个问题就是，在这许多种"基本粒子"的背后，是否有某种更基本的东西和更简单的规律？要探索这种十分根本的问题，所要克服的困难也是十分可怕的。海森伯勇敢地承担了这种探索，并尝试了一种简化的可能性。他假设，所有不同种类的基本粒子可以用单独一种"基本场"来描述。通过对场加上适当的条件，也许就可能得出那些基本粒子来，正如量子力学中的量子化条件能够给出原子的线光谱一样。这种设想确实太美妙和太大胆了，使人简直不敢相信它的可能性。但是海森伯还是努力推进了他的设想。他假设了那个唯一的场有四个分量，分别代表着自旋变量和同位旋变量。在最简单的情况下，场方程只包含一个非线性的耦合项，该项的系数就是理论中唯一的一个参量。

海森伯曾经指望从泡利那里得到鼓励和协助，泡利也曾一度有点热心，但是后来又回到了最初的批评态度。尽管如此，海森伯的态度却一直是乐观的。大约从1950年开始，他把自己的主要精力都用到了这一课题上。除了简短的报道和评述，他在这一领域中大约写了20篇论文（有的论文是和他的学生合写的），并且写了一本小书。当然，由于理论设想太大胆，它的成功（如果可以成功的话）现在还非常没有把握，但是我们不能不佩服海森伯的这种勇气。

必须指出，除"统一"这一颇为笼统的思想外，海森伯的理论在基本设想和处理手法方面是既不同于爱因斯坦的统一场论也不同于近来人们谈得很多的弱电统一理论或所谓"大统一理论"的。在目前，这可以说是一种已被淡忘的理论。但是科学思维的前进从来不会是直线式的，谁能断定这种理论将来会不会重新绽放出灿烂夺目的光彩呢？

三、有争议的人品

在纯学术方面，海森伯的伟大功绩和崇高地位是绝无争议的。但是在为人处世上，特别在他和德国纳粹政权的关系问题上，他却起码是使人感到惋惜的。在这方面，埃里克所说的"两个伟人"可就大不相同了。

海森伯一生好胜，他最关心事情的成败，不够超脱。作为20世纪初的一位德国知识分子，他成名甚早，特别爱面子，这就使他有时走上文过饰非的道路。有一位科学史家说，当时大多数的德国学者都是一些mandarin(满大人)，用我们的话说就是一些"精神贵族"。他们大多思想保守，忠于政府，行动多礼，往往有架子，等等。其中最突出的例外是爱因斯坦——他根本不是什么mandarin！特别是有那么一批"爱护"他的人(以他最密切的学生魏茨泽克为代表)，到处替他掩饰过失，编造了许多不能自圆其说的"论点"，这就更加使正直的和知道内情的人们增加了对他的反感。当然，也有些人出于义愤，说过一些过分贬低他的话，但那也是有目共睹的，并不会严重地影响海森伯的声誉。

由于海森伯在德国和在国际上都有过非常广泛而复杂的社会关系，牵一发而动全身，所以要比较全面和细致地评价他的为人就绝不是一两篇文章就能做到的。在这里，我们只能举几个有代表性的事例来略加评介。

1. 和纳粹势力的"矛盾"

1933年初，希特勒攫取了德国政权，不久就迫不及待地推行了反动的政策，迫害犹太人，整肃知识界，发狂地叫嚣战争。这一切，像海森伯这样的学者当然是不会心甘情愿地接受的。于是他发表了一些"不合时宜"的言论，触怒了某些有权势的纳粹分子。他们在纳粹组织的报刊上对海森伯发动了凶恶的攻击。

其实这种冲突由来已久。早在第一次世界大战刚结束时，一小撮以勒纳德为代表的反动人物，就倡导了所谓"德意志物理学"，这基本上是指那种直观的可以按经典观点来理解的实验物理学。后来，这种观点被另一个反动人物斯塔克接了过去，逐渐改名为"雅利安物理学"。勒纳德和斯塔克都是老牌的纳粹分子，早在希特勒得势以前就支持过他。希特勒一上台，这些人便成了纳粹党的"老战士"。他们得意忘形，企图从普朗克手中夺取科学院院长的职位。他们疯狂地攻击他们弄不懂的现代理论物理学（以相对论和量子论为主），妄称那都是"犹太人"弄出来的玄虚，是应该彻底抛弃的"伪科学"，等等。对于这样的谬论，亲自创立了量子力学的海森伯当然不会接受。于是斯塔克等人又发明了一个名词叫作"白色犹太人"。这指的是一些很有声望的德国学者，他们本来不是犹太人，但是据说他们在思想上和犹太人相通，所以应该和犹太人一样受到惩处。有了这样一个名词，纳粹分子就可以攻击他们所不喜欢的任何一个人。于是当海森伯触怒他们时，他们就疯狂地发动了攻击。

但是，早在希特勒垮台之前，所谓"德意志物理学"和"犹太物理学"之争就渐渐平息了。由于斯塔克之流太无能，纳粹当权派渐渐觉悟到依靠这种人无助于战争胜利的取得，所以斯塔克等人渐渐失去了当权派的宠信。另一方面，有几个和最高当局关系密切的知名人士（普兰特耳便是一个）多次向戈林等人陈述了真正科学的重要性。所以到了最后，相争的两派不得不达成协议，而斯塔克之流也勉强承认了相对论和量子论。当海森伯正式主管了"铀计划"时，那些"德意志物理学家"就完全沉默了。

至于"党报"之类对海森伯的攻击，海森伯也采取了釜底抽薪的办法。他通过自己的母亲和希姆莱的母亲之间的熟识关系，向特务头子希姆莱提出了直接的申诉。起先希姆莱没有理睬。一年以后，当普兰特耳等人的说项起了作用时，他才回答了海森伯，向海森伯发出了保证安全的许诺。

大战以后，海森伯的辩护士们大肆渲染海森伯对"德意志物理学"的斗争，并把它升格为反纳粹的斗争。这当然是违反历史事实的，因为斗争的胜利正是通过纳粹最高人士（一些最大的战争罪犯）的介入而取得的，根本不是单凭海森伯个人的努力，更不是通过广大人民的努力而取得的。至于海森伯向最大的特务头子提出申诉一事，考虑到他急于保护自己的心情，当然也并不是不可原谅的，但无论如何是不值得引以为"荣"的！（"聪明的"辩护士们一般不太多提此事）

2．和玻尔的会晤

这是一件奇怪的历史悬案，不同的人做出了许多极不相同的评述，而辩护士们也做了不少的"文章"。

当时的纳粹德国，也有侵略的"两手"，于军事侵略之外还执行"文化帝国主义"。在他们占据了的各国，都设有"德意志科学研究所"，进行各种反动的乃至惨无人道的所谓"研究"。例如，设在原波兰境内的一个研究所的所长（海森伯的朋友科布利兹），在1941年写的一篇文章中提到东部的犹太民族需要"一种基本科学的处理，以便为'领袖'在战后对全欧洲的问题取得最后的解决做好准备"。这意味着用"科学方法"来最有效地执行种族灭绝政策。由此可知那些研究所到底是什么货色。

从1941年开始，海森伯在纳粹政府的安排下到过许多被占领国和中立国（例如瑞士）去演讲，其中包括波兰的上述研究所。当时纳粹当局严格控制德国人的出国访问，但他们对海森伯的信任超过了例如对普朗克的信任。因此有人说，当时的海森伯实际上成了纳粹德国的"文化大使"。

丹麦的"德意志科学研究所"设在离玻尔的研究所不远的地方，但是玻尔和他的人员从来不参加德国人主持的任何活动。有时德国人请不动他，宁愿把活动改期，但玻尔还是婉言谢绝。有一位理论物理学家默勒更有意思，他用复写纸把推辞时的回信打印若干份（那时还没有静电复印），每当收到德国人的请柬时就寄去一份。这样明显的不合作态度当然使玻尔和德国占领当局之间的关系相当紧张。

1941年10月，海森伯应邀到丹麦的"德意志科学研究所"参加一次会议。在当众演说时，他表示因为在听众中看不到玻尔而感到遗憾。这等于公开地向玻尔"叫阵"。玻尔得知后，就邀请海森伯和随行的魏茨泽克到玻尔的研究所中来演讲，于是发生了著名而神秘的海森伯-玻尔密谈。

有一位作家莫尔在她写的玻尔传中说密谈是"在大街上散步时进行的"。当时是玻尔最亲密助手的罗森塔尔博士对这种谣传嗤之以鼻。他曾向笔者坚决指出,在当时的局势下,玻尔绝不会和一个"德国人"一起走在大街上。[1] 其实那次晤谈是在玻尔的家中(卡尔斯伯荣誉府)中进行的。晤谈时没有第三个人在场,所以谈话的内容就成了一个不解之谜。当时肯定谈到了有关原子武器的问题,但是当时讲了些什么,就无人能够知道了。玻尔事后只字未提,而海森伯则说他已记不清楚,"可能"是说了如何如何的话,云云。关于当时海森伯会见玻尔的动机,后来有人提出了种种不同的解释。一种流行甚广的解释可能起源于魏茨泽克,那就是说,海森伯企图通过玻尔来和全世界的科学家达成谅解,大家都不要研制原子弹。这种说法是极可怀疑的。因为:第一,海森伯当时还不是"铀计划"的总技术负责人,而玻尔由于处境闭塞也还没有意识到制造原子弹的具体可能性,这样两个人如何能发动世界范围的"攻守同盟"?第二,海森伯正如一般的德国人一样,有很浓厚的"爱国"思想,提出那样的倡议在他看来会显得几近"叛变",他是不可能打这种主意的。第三,他也不敢——许多年以后,当初是他的学生的罗森塔尔当面问过他:"当年你若提出那种倡议,希特勒不会枪毙你吗?"对此海森伯也只好点头。尽管如此,所谓海森伯就对

---

[1] 当时的丹麦人民对德国人实行"视而不见"运动。就是说,在任何地方遇见德国人,除被强迫时以外,大家都不理睬。丹麦人之间照常问候、聊天,就仿佛旁边那个德国人完全不存在一样。

待原子武器的态度问题向玻尔请教之说,至今仍然十分流行,甚至去年出版的一本丹麦文的小书,居然也还沿袭了并传播了这种无稽之谈。

也有人指摘海森伯去见玻尔是要刺探原子情报,是替希特勒当间谍。这种猜测也同样没有根据。实在说,当时玻尔的研究所中并没有什么可以窃取的秘密(只有公开的学术成就),而海森伯也还没有很深地卷入原子武器的研制之中。

两位大物理学家就原子武器问题到底谈了些什么,现在已不清楚,但是当时他们两位的心理状态,应该说还是清楚的(如果不故意曲解的话)。尽管很可能是出于对玻尔的爱护,海森伯的活动在实质上就是劝降。这就大大伤害了玻尔的民族自尊心。首先,海森伯在那样的场合下向玻尔(他的老师)公开"叫阵",想必本来就引起玻尔周围人的不满。后来他来到玻尔的研究所中,又在吃午饭时和人家说什么"战争是生物学上的需要",这样的话(观点显然荒谬)如何能向正处于法西斯铁蹄下的丹麦人说!

另外,据知情人罗森塔尔的亲口叙述,当时还发生了一件十分不愉快的事。玻尔和海森伯、魏茨泽克在办公室里谈话,罗森塔尔正在外间屋(女秘书舒耳兹的办公室)中坐着,忽然有一位"绅士"推门进来,说是要找魏茨泽克。于是魏茨泽克就出来把那人领进了玻尔的办公室,后来才知道那位"绅士"竟是纳粹德国驻丹麦的大使!在外国,不得主人同意就带客人进入家的办公室,这本身就是一件失礼的行为,更何况带进去的是人家最不想见到的敌国的官方代表!要知道,魏茨泽克的父亲曾是希特勒政府中的高级官员(相当于外交部长),而魏茨泽克本人又是一个非常"玲珑剔透"的人物,他不可能不明白自己这种巧安排意味着什么——用中国的俗话来说就叫"霸王硬上弓",早已不仅仅是礼貌与否的问题了。

按照玻尔在1961年最后一次访问苏联时的回忆,当时"一位很杰出德国物理学家"曾到丹麦来劝他不要对德国纳粹势力那么强硬,因为据说希特勒帝国在全世界的取胜已成定局,物理学家们应该证实自己对希特勒有用,以便在将来的帝国中有一个位置,等等。这种说法,是完全符合当时海森伯的思想状态的——但是海森伯和他的朋友们矢口否认。海森伯还曾说过,偶尔出席一次德国人主办的"学术"会议或见见"德国大使",这是当时玻尔所应付出的"最低代价"。然而,此事关系到一个人和一个民族的尊严和气节,恐怕玻尔是决不会等闲视之的。

因此,德国人(以及后来许多别的人)后来宣称,玻尔在那次会晤中"误解"了海森伯的用意。这种说法也很滑稽。要知道,玻尔是一个心思最细密、胸怀最宽广的思想家,他完全不是那种粗枝大叶或鼠肚鸡肠的庸人,他不是那么容易"误解"别人的人。他要争的恰恰是大是大非问题。那么,按照以上的如实介绍,揆情度理地看,恐怕当时大大地"误解"了别人的,根本不是玻尔吧?

3. 所谓"怠工"

德国的"铀计划"失败了。失败的原因,人们也讨论得相当清楚了,但是有些人不肯承认事实,他们发明了"怠工"之说。

在大战末期,海森伯等十个科学家正被拘留在伦敦附近。美军向日本投掷原子弹的消息大大震惊了他们，当时他们有过种种的议论。那时英国人在他们住处装了窃听器。窃听的结果迄今未予公开，但是也透露出来了一些对某人不利的内容。于是德国的聪明人又发明了一种理论：英国人没有真正听懂他们的话。这真是太玄妙了。英国的情报机关再无能，也不会找不出一个精通德语的人来。

当时 Alsos[1] 小组的技术负责人荷兰物理学家高德斯密，肯定是能够充分地听懂德语的。他报道的一个情况很值得注意（而且似乎迄今无人否认）：当德国科学家们因为自己没能制成原子弹而自怨自艾时，"一个比较年轻的人"想出了一种托词，那就是说，他们的"科学家的人道主义"使他们没有认真研制这种可怕的杀人武器。换句话说，他们用"磨洋工"来"骗了希特勒"。这种理论很合海森伯的口味，他后来不止一次地提到它，甚至指摘说，真正制造了这种武器的不是他们（这些"人道主义者"），意思是玻尔他们才真正犯了"杀人罪"。

然而，战时留下来的大量文件表明，海森伯当时在执行"铀计划"中是十分卖力的。当已经兵临城下而不得不从研究基地出走时，他还命令部下把所存的铀原料等坚壁起来。在此以前，当希特

---

[1] Alsos 是希腊文，意为"树林"。当时美国负责"曼哈顿计划"的军方人员是格罗夫斯（Groves）将军，而 groves 的英文意义也是"树林"。当大战即将结束时，美国军方组织了一个"工作组"，归格罗夫斯领导，负责收缴德国的原子物资，搜捕有关人员，等等。这个小组的代号就叫 Alsos。后来高德斯密就用 Alsos 这个标题写了一本书。

勒的破灭已成定局时，海森伯还在 1944 年的一次演讲中宣称：

假如我们能够打赢这场战争，那多么好啊！

甚至到了 1947 年，海森伯还在伦敦一位从德国流亡出来的犹太化学家（他的许多亲人都死在纳粹集中营中）的住所中说过：

应该让纳粹继续掌权 50 年，那时他们会变得完全正直起来。

这真是太"人道"了！实际上纳粹掌权不过 12 年，而在这 12 年中，死于战场的不算，光在集中营中被他们用最不人道的手段屠杀掉的就有 1400 多万人。这个数字大大超过了两枚原子弹所杀死的人数！

问题是：当年创立"怠工"理论的那个"比较年轻的人"究竟是谁？这个人才真正是海森伯最忠实的辩护者！

4. 迈特纳的一封信

犹太女物理学家迈特纳比哈恩大一岁。当她在柏林工作时，实际上是研究所中的学术带头人，后来她通过友人的协助逃到了瑞典。大战刚刚结束以后，她曾经给哈恩写过一封信。在信中，她首先表示了对留在德国的朋友们的关切；听到哈恩还算平安，她很高兴。接着她就语重心长地提出了规劝。她指出，凡是留在德国的科学家，都在希特勒的罪恶战争中帮了忙；他们不应回避这个问题，应该实事求是地认识自己的过错。接着她就特别提到了海森伯。她认为，像海森伯那样的人，应该到波兰的几个集中营(死亡营)去参观，以便让他具体了解纳粹匪徒到底对人类犯下了多么严重、多么惨无人道的罪行。这封信写得十分亲切而又十分坦率，充分体现了一位卓越科学家的刚正不阿。至少笔者在初次读到这封信时是很受感动的，然而恐怕海森伯的印象不一定是这样。

5. 战后的表现

大战以后，海森伯在重建德国科学方面是有功劳的。在政治上，他反对联邦德国拥有核武器，并大力提倡在德国发展核科学。这些都是值得肯定的。但是他对自己在战时的言行却一直没有正确的认识，总是用一些虚假的叙述来替自己推卸责任或评功摆好，这就在很大程度上影响了别人对他的敬重。

在战后，盟军当局曾经在德国进行过清查纳粹罪犯的工作。由于当局对海森伯很尊重，当时许多人曾请他写过证明材料。结果海森伯来了个"以我画线"。凡是在反对"德意志物理学"中或在别的方面帮过他忙的，即使是原先在希姆莱总部任职的那位"朋友"，他都认为是"反纳粹"的"好人"。反之，如果跟着斯塔克跑过，即使是不值一提的小人物，他都认为是"坏人"。这种搞法，肯定也远远不是那么客观和公正的。

6. 玻尔奖章的受奖演说

1955年10月7日是玻尔的70岁寿辰。10月12日，丹麦工程师协会(DIF)正式设置了"尼尔斯·玻尔国际奖章"，以资纪念。按规定，这种金奖章每三年颁发一次，发给"在原子能的和平利用方面做出了巨大贡献的科学家或工程师"。受奖人不受国籍的限制，但必须是"工程技术界人士"。

1970年度的玻尔奖章发给了海森伯。笔者曾经问过埃里克："你们为什么把奖章发给海森伯？"他说："无论如何他是一个伟大的科学家。"这话我们当然不否认。但是问题在于：第一，海森伯根本不是"工程技术界人士"；第二，他当年研究原子能，几乎把丹麦置于万劫不复之地，而二十多年后丹麦人却经由国王之手发给他一枚奖章；第三，这个奖章居然还冠以玻尔的名字！更妙的是，在发奖的过程中，丹麦工程师协会的主席和海森伯一起拍了照，照片的背景恰恰是一幅玻尔的画像。因此笔者常常纳闷：玻尔有知，不知对此做何感想？海森伯站在这幅画像前面让人照相，不知心中又是什么滋味？

1970年10月8日，海森伯在接受了奖章的次日向丹麦工程师协会发表了受奖演说，回顾了原子能研究的历史。他当然不可避免地提到了重核的裂变，但是他对在裂变现象的确认中做出了重要贡献的迈特纳和弗里什(两个"犹太人")却连名字也不屑于提一下。相反地，他却用了一半以上的篇幅来宣扬他那位较年轻的朋友魏茨泽克的贡献。要知道，迈特纳和弗里什都和玻尔及其研究所有过很密切的关系，而魏茨泽克则由于种种原因而很不为某些丹麦学者所欣赏，从而海森伯的这次演说实际上又是对丹麦人的一种冒犯(也理所当然地引起了一些丹麦学者的反感)。这似乎表明，直到他的晚年，海森伯对他自己在战争期间的言行还没有一个比较清醒的认识。

7. 海森伯夫人的那本书

那些千方百计为海森伯掩饰的论点，其最初"版权"不知属谁。这些论点，在几本书中得到了广泛的流传。例如容克那本《比一千个太阳还亮》，无知妄论，哗众取宠，制造了许多谣言，早已声名狼藉，在国际上被说成"疏陋得无以复加"了。海森伯逝世以后，他已经不能亲口反驳谣言了。于是个别人继续造谣、传谣，企图通过洗刷海森伯来表白自己。很可能，海森伯夫人的《一个非政治家的政治生活》就是在那种人的劝诱下写成的。由于作者的特殊身份，这本书也迷惑了许多天真的读者。笔者个人认为，这种责任不在作者身上，而主要在她背后的谋士(们)身上，不论海森伯和他夫人之间的感情多么亲密，有些事情也并不是他夫人所能深透了解的。特别是对于有些事情的"评价"，更不是局外人所能意识其真正要害之所在的。这些事情，例如英国情报人员"听不懂"德语的说法，现在都清清楚楚地写在书中，那恐怕多半是别人出谋划策的结果吧。

有一种情况也许值得介绍一下。海森伯夫人也认得玻尔夫妇，他们两家本来是很亲密的。当她写成了这本书时，曾把稿子寄给玻尔夫人去征求意见。玻尔家的人们向来极其隐忍，多不高兴的事情他们也不肯明白地形于颜色。但是玻尔夫人则不然，她比较坦率，容易直言无隐。看了书稿，她就提了许多尖锐的批评。她的一位女友是史学家，精通德文，看了那些批评觉得太尖锐了些，劝她改用婉转一些的口气。她答应了，但是到了晚上她又打电话通知说，她要坚持原则，口气就是要那么尖锐。后来书出版了，人们发现玻尔夫人的那些意见全都没有被接受。这种情况也是很值得玩味的。征求人家的意见，到头来又概不接受，这算什么？笔者不是指摘海森伯夫人本人，而是有憾于替她出主意的人。他(或他们)似乎准备把历史一直玩弄下去！

（作者：戈　革）

狄拉克

革新人类自然图像的一代宗师

狄拉克

(Paul Adrien Maurice Dirac,1902—1984)

1919年5月，英国剑桥大学著名天文学家爱丁顿率领一支天文观测队奔赴赤道附近的西非普林西比岛观测日全食，并检验爱因斯坦广义相对论所预言的关于水星运动的量值是否正确。结果表明爱因斯坦是对的，那个科学界没几个人能完全理解的广义相对论得到了确认。消息传来，引起轰动。这消息也吸引了一位正在英国西部小城布里斯托尔学习工程技术的二年级大学生，他放下了自己原来的专业，转而热衷于相对论的学习和研究，最终改变了自己一生的道路。这个年轻大学生，就是后来创立相对论式量子理论的保罗·狄拉克。他将20世纪两个最重要的物理理论——相对论和量子理论连接在一起，提出全新的真空图景和反物质概念，革新了人类的自然图像，深刻地改变了人类的自然观。

一、寡言深思的少年

狄拉克1902年8月8日生于英国布里斯托尔城。他的父亲查尔斯·狄拉克出生于瑞士，年轻时侨居英国并在那里结了婚，后来在布里斯托尔城贸易商人高级职业学校教法语。他十分重视对狄拉克的教育，要求也很严格。为了让狄拉克学好法语，他要求狄拉克在家里只准讲法语。而每当狄拉克发现自己不能很好地用法语表意时,就保持沉默。这一早年教育无疑促成了狄拉克沉静、内向性格的形成。从童年时代开始,狄拉克就喜欢独自一人面对大自然凝神默想。

在父亲的影响下,狄拉克从小喜爱数学,中学时自学了许多数学书,甚至学了非欧几何。但他感兴趣的主要是现实的物理世界,而不是单纯的逻辑问题。他当时认为,与现实世界相适应的显然是欧几里得几何,因此就没有必要去考虑那些在逻辑上换一条公理的非欧几何了。狄拉克的这一思想倾向与他在父亲任教的学校上学有关。该校重视科学,每周讲3小时物理课,做一个下午的实验,化学教师很早就在课堂上介绍原子和化学方程,学生还可以利用布里斯托尔大学工学院的实验设备来获得实际操作的经验。

狄拉克不喜欢文艺,很少看小说。有一次他读完了陀思妥耶夫斯基《罪与罚》的英译本(目的是学英文),有人问他是否喜欢,他回答说:

> 很好,但有一章作者出了个错误,他在一天中描写了两次日出。

这就是狄拉克对陀思妥耶夫斯基小说的唯一评价。很多年以后,他还对奥本海默说过:

> 你怎么能够同时又搞物理又写诗呢?科学的目的是用

简单的方法使困难的东西变得易于理解，而诗则是以复杂的方式来表述简单的东西，两者是不相容的啊！

16 岁时，狄拉克跳级读完了中学，进入布里斯托尔大学学习工科。他的中学物理老师罗伯逊那时到该校教电工。在老师的影响下，狄拉克选择了电工专业。罗伯逊要求学生有条有理地安排生活，他喜欢那种能表现出数学的技巧和优美的计算方法，而不十分强调严格的证明。狄拉克在校学了材料测试、建筑物压力计算等课程。这些工科训练对狄拉克科学思想的形成影响颇大，特别是他接受了近似观念，认识到"在现实世界中，方程都仅仅是近似的"。他认为"如果我没有受过这种工科教育"，那么在后来的研究中"必定不会取得任何成果"。

狄拉克上大学的第二年是 1919 年，英国天文学家爱丁顿率领的远征考察队到非洲观测日食，证实了爱因斯坦根据广义相对论做出的光在强引力场中将会发生偏折的预言，这使相对论得到了广泛的传播。狄拉克也立即卷入了这股相对论的热潮之中。他热心地听了布罗德所做的关于相对论的学术报告，与同学们讨论相对论的各种问题，自学了狭义相对论和广义相对论，还读了爱丁顿的著作《时间、空间和引力》。他曾仔细考虑过，觉得应该从一般的四维观点来考虑时间与空间的关系，并对几何学的重要性有了新的认识。

17 岁的少年正是开始形成自己的思想的时候，爱因斯坦成了少年狄拉克心目中主要的英雄。狄拉克是怀着对爱因斯坦极端崇敬的心情成长起来的，而且始终不渝地一直维持到自己生命的终点。据他妻子说，爱因斯坦逝世时他哭了，她一生只看见他哭过这么一次。他走遍了全世界，去参加一个又一个爱因斯坦诞辰一百周年纪念会，这样的会他一个也不愿意错过。他认为，正是那阵相对论热潮使他认识到"所有的自然规律都只是近似的，……是表现我们现有知识状态的近似"，并使他"准备把力图改进它们作为一项任务"。少年时期对相对论的兴趣为他日后取得伟大的科学成就——创立相对论性量子力学——播下了种子。

青年狄拉克虽然并不像一般工科学生那样轻视哲学，他也觉得"哲学中可能会有某些道理"，但他读完了穆勒的《逻辑学》，所得的结论却是"哲学对物理学的进展不会有任何贡献"。一直到1981年狄拉克还说，"（对于科学哲学）我一窍不通"。这说明他一直没有放弃大学时代形成的看法。

1921年，19岁的狄拉克大学毕业并取得学士学位。听从父亲的劝告，他考取了剑桥圣约翰学院每年70镑的"1851年奖学金"，但这不足以维持在剑桥的学习生活，于是他留在家乡。当时英国正值经济萧条，狄拉克找不到工作。幸而不久母校数学系赏识他的数学才能，为他提供了免费学习的机会。狄拉克在那里用两年时间学完了三年的课程。该校教师弗雷泽讲授的投影几何对他以后的工作产生了深刻的影响，这主要是指一一对应的方法。他觉得这种方法的优点是便于处理具有特定变换性质的洛伦兹变换，而在这些变换和对应之中，他感受到数学美。他认为这是一种"有用的研究工具"，使他终生受益匪浅！

二、迅速进入前沿

1923年，狄拉克又得到剑桥大学科学和工业研究系高级数学方面的补助金，于是进剑桥圣约翰学院当理论物理研究生。他整天在图书馆里看书，剑桥哲学学会图书馆、大学图书馆、圣约翰学院图书馆和卡文迪许图书馆都是他常去的地方。其中，他特别喜欢卡文迪许图书馆，在那里他可以不受干扰地学习思考。他从不满足于从听讲演中得到一些一般的见解，而喜欢通过自己的阅读去获得准确详尽的资料。

狄拉克对相对论的兴趣到剑桥后依然不衰，他研读了英国爱丁顿的新著《相对论的数学原理》，并克服重重困难掌握了它。爱因斯坦的相对论通过爱丁顿的著作对狄拉克的整个科学思想产生了深刻的影响，成为他从事科学活动的主要灵感源泉。狄拉克特别佩服爱因斯坦能够根据那么少的假设解释那么多的问题。爱丁顿就在剑桥，这使狄拉克感到非常高兴。当时英国认为爱丁顿"是相对论的主要倡导人，而爱因斯坦则处在遥远的幕后"。狄拉克很幸运，有几次得以直接与爱丁顿就运动学和动力学的速度问题做了一些讨论。在这些讨论的基础上，狄拉克写了一篇题为《关于粒子的相对论动力学的评注》的论文，发表在1924年的《哲学杂志》上。

狄拉克对几何学的兴趣也有增无减。他先是听了纽曼关于广义相对论的几何方面的课程，后来又经常参加天文学和几何学教授亨利·贝克主办的星期六茶会。在那里，大家讨论投影几何，研究高维空间里所能构造出来的各种图形。投影几何方法的威力给了狄拉克很深的印象。狄拉克本人也在一次茶会上做了他生平第一次学术报告，"论述了处理这些投影问题的一种新方法"。这些茶会极大地激起了他对数学美的兴趣，因为在茶会上最重要的事情就是努力把各种数学关系表达成最优美的形式。

由于英国研究相对论的专家坎宁汉就在剑桥，狄拉克初到剑桥时就一心想跟他搞相对论。可是坎宁汉不想接收研究生，所以就把狄拉克分配给了福勒。这未免使狄拉克感到有点失望，因为福勒关心的并不是相对论，而是量子论。

狄拉克很快发现这种失望是没有道理的。因为福勒为他打开了一个新奇有趣的新领域，这就是卢瑟福、玻尔和索末菲的原子论。福勒当时是剑桥量子论的真正中心人物，经常到哥本哈根访问玻尔的研究所，并带回新的研究信息，还常请玻尔到剑桥做学术报告。当时剑桥的理论物理学与实验物理学是分开的，前者归数学系，后者属于物理系。但由于福勒与他那位主持卡文迪许实验室的岳父卢瑟福的缘故，理论与实验分家的情况有所改变。狄拉克经常到卡文迪许参加实验方面的讨论会，听卢瑟福、阿斯顿、威尔逊等人谈他们的实验工作。后来，狄拉克还与卡皮查成为亲密的朋友，他们在一起搞实验工作。与实验物理学家的这些接触使狄拉克学会了如何去估计实验问题中的一些困难，而这对理论探索是有用的。

当时剑桥各学院的数学家及由实验物理学家和理论物理学家联合组成的"$\nabla^2 V$俱乐部"和"卡皮查俱乐部"都经常讨论量子论问

题。在这种浓厚的学术气氛中，量子论很快成了狄拉克的兴趣中心。以前，狄拉克从来没有听到过玻尔理论，在布里斯托尔学数学时，他与物理学家没有任何接触，而所学的应用数学也从未超出过势论。这下子可真是大开眼界。狄拉克迅速深入到玻尔理论的核心：为何核外电子不会按经典电动力学的规律发生辐射而落入核中？玻尔量子条件的依据究竟是什么？他苦苦地思考着这些问题。

玻尔的理论当时给予狄拉克以极其强烈的印象，玻尔关于量子化条件的理论基础——对应原理（经典系统规律是量子系统规律的极限形式）——使狄拉克坚信两类系统应有一个共同的理论基础，即哈密顿动力学。由于狄拉克要求的是能用方程来表示说明，因此，玻尔在剑桥的讲学对于狄拉克后来的工作至少没有直接的影响。狄拉克认真研读了索末菲的《原子结构与光谱》、哈密顿的动力学及有关高等变换理论，还有惠塔克的《分析动力学》。他对量子论面临的困难和发展形势甚为熟悉。

在剑桥的头两年，狄拉克写了一些关于热力学、统计力学、相对论与旧量子论方面的论文。当时，除了玻尔的对应原理，埃伦费斯特的绝热假设也是量子论的重要指导原则。狄拉克认为，对应原理不够精确，人们无法把它表达为明确的数学方程，而绝热原理却可以通过方程用公式表示出来。因此，他曾一度热心于从绝热假设出发来得到新的量子理论，还推导出如何从经典定律得到量子积分的绝热不变性的一般条件，又研究过原子与磁场相互作用的绝热不变性问题。他还试图把哈密顿动力学中的角作用变量引进氢原子等非多重周期系统中去，当时他觉得这是发展量子论唯一可以遵循的道路。

狄拉克早期研究方法的特点是，从流行的文献中找一个广泛讨论的问题，对前人已经取得的成果在批判考察的基础上进行推广，从而把它置于比以前更牢靠、更广泛的基础之上。这最明显地表现在他试图把多普勒原理与玻尔频率条件联系起来。当时，薛定谔已在爱因斯坦光量子假设和玻尔频率条件在一切参考系中都成立的假定基础上导出了一个广义多普勒原理，用来表示新参考系中的频率。狄拉克从薛定谔的结果出发，又把它简化成通常多普勒原理的形式，并在相对论推广（把频率推广成频率矢，把不满足相对论的频率关系 $\Delta E=h\nu$ 改写成满足相对论的关系 $\Delta E_\mu=h\nu_\mu$）的基础上重新做了推导，得到了频率与相角对时空坐标的导数成比例这个一般结果。狄拉克的这种研究方法使他能尽快地接近物理学研究的前沿，从而迅速地结束了从学习到研究的过渡阶段。当然，狄拉克之所以能采用这种方法，是与剑桥大学自由的学术气氛和福勒放手让狄拉克接触最新学术发展分不开的。

狄拉克的性格和习惯在剑桥时期没有多大变化。他生活简朴、不好交际。他很少看文艺作品，从不去剧院，喜欢独自工作和沉思默想。与许多学生一样，他对政治不感兴趣，集中全力想更好地理解物理学面临的困难问题，以便完全投身于科学工作。只有星期天才放松一下，如果天气好，他就一个人带着午饭到乡下去散步。在散步时，狄拉克并不有意思考什么问题，但是脑海中也常常涌现出新颖的想法。比如，使他一举成名的量子泊松括号的想法，就是在散步时产生出来的。

三、崭露头角

1925年7月28日，在剑桥卡皮查俱乐部第94次会议上，海森伯做了一个报告，题目是《塞曼效应中的反常现象》。报告快结束时，海森伯介绍了他的新力学。狄拉克参加了这次报告会，因为他当时太疲倦了，对这一新力学没有留下什么印象。8月底，正当狄拉克与双亲在布里斯托尔度假时，福勒把海森伯寄给他的论述新力学的第一篇论文的校样转寄给狄拉克，并问他对此有何想法。狄拉克起初对这篇论文并不重视，因为它与哈密顿理论有点不一致。但当他过了十来天重读这篇论文时，却突然意识到，它包含着打开原子世界秘密的钥匙，就随即把注意力集中到理论中最关键的一点——量子变量乘法的不可对易性上。这个不可对易性表示了量子理论与经典理论的本质差别。狄拉克对理论探索的主要兴趣就是要找出这个差别背后的内在联系，也就是如何把海森伯力学纳入哈密顿体系的问题。

暑假结束返校后，狄拉克继续紧张地思考这些问题。10月的一个星期天，狄拉克独自到乡下散步。尽管想要休息，但脑子里却甩不掉那个表示不可对易性的不等于零的对易子 $uv-vu$（u，v 分别表示量子力学量）。他想到了泊松括号，那个他以前在高等动力学书籍中专攻过的奇怪的量。当时他记不清泊松括号的精确公式，只有一些模糊的回忆。但他觉得，两个量的泊松括号与对易子好像十分相似。这个想法刚一闪现，他就激动地预感到，他也许领悟到了某些重大的新观念。这时，他经历了他自称是一生中最振奋的一刻。紧接着的反应是："不对，这可能错了。"究竟是对是错？在乡下根本无从判断，他焦躁不安，便立即赶回家查阅书籍笔记。他翻遍了所有的教科书和各种听讲演时做的笔记，但其中竟没有一处提到泊松括号。那天正是星期天的傍晚，所有的图书馆全都闭馆了。他什么也不能干，只好无奈地熬过那一夜，不知道这一想法是否真有价值。在那兴奋、苦恼而又激动的一夜里，他的信心逐步增强了。第二天清晨，图书馆刚开门，他就赶紧去了，在惠塔克的《分析动力学》里查到了泊松括号。那正是他所需要的。它与对易子十分相似，只要在经典泊松括号前加上一个系数 $\frac{ih}{2\pi}$，对易子就成了它的量子力学类比物。

把对易子与泊松括号连接起来的想法是狄拉克在量子力学工作上的出发点。这一步骤的重要性在于，它提供了一种处理量子论中力学量偏微分的方法。狄拉克进而探讨了量子变量微分的一般定义，并求得了量子条件。这种量子条件与玻尔-索末菲量子条件不同，没有任何人为的外加成分，而是在量子论本身的基础上推导出来的结果。一般来说，理论具有严整的逻辑基础和内部自洽性是狄拉克研究的最鲜明特色。

1925年11月狄拉克把这一研究成果写成论文，这是他的第一篇量子力学论文。福勒把它提交到皇家学会。皇家学会十分重视，破例立即予以发表。海森伯读了狄拉克寄去的论文后，在三天内回了三封信，对论文做了极高的评价。他认为狄拉克关于"量子微分的一般定义和量子条件与泊松括号间的联系"这一研究成果，使量子力学"大大前进了一步"，并对狄拉克用以攻下这个问题的数学上的简单性感到钦佩。

23 岁的狄拉克就这样以一篇第一流的论文在物理学界崭露头角。令人惊叹不已的是，狄拉克凭借一种新颖的见解，轻轻扫去了横在玻恩、海森伯和约尔旦三人面前的巨大困难，一举完成了构造量子力学的数学形式体系的工作。狄拉克的这篇成名作是抽象思维的典型，表明他独立的研究风格已经形成。此后，他就沿着这条高度抽象的道路继续前进。几个星期后，狄拉克就发展了一种比矩阵力学更抽象因而也更普遍的 q 数（指非对易的量子变量）理论。他用 q 数方法写下电子方程，把力学量当作 q 数，然后去解方程，得到了氢原子光谱的理论，特别是推出了巴耳末公式。他把这些结果写成两篇论文迅速发表了。海森伯收到狄拉克寄去的论文后回信说："我看到您最近关于氢原子的工作，我在物理学界落后了。"

狄拉克的创造力是惊人的。到 1926 年 3 月，他又完成了关于康普顿效应的研究。这在当时是个很困难的问题，不仅哥本哈根的物理学家们对它议论纷纷，跃跃欲试，就连索末菲这样的大师也意识到这是个很棘手的问题。1926 年 3 月 13 日，爱丁顿邀请狄拉克喝茶，那时正在剑桥访问的索末菲也在场，有幸见到索末菲这位久已敬仰的师长自然使狄拉克十分高兴。谈话间，狄拉克提到自己已根据量子力学解决了康普顿效应问题。索末菲一听大为生气，以为他在吹牛。在场的福勒赶紧解释，说自己的学生刚刚做完这项工作，才使索末菲平静下来。这年 6 月，狄拉克专心致志地完成了有关康普顿效应的论文，并获得了博士学位。

四、从第一流学者到一代科学伟人

由于海森伯一再强调，狄拉克开始注意并终于热情地接受了薛定谔的波动力学。在迅速掌握了薛定谔使用的本征值本征矢技巧以后，他用各种技巧处理全同粒子多体波函数。1926 年 8 月他发表了研究结果，用对称波函数描述的粒子服从玻色 - 爱因斯坦统计法则，而用反对称波函数描述的粒子则服从另一种统计法则。它与泡利不相容原理是一致的，后来人们称之为费米 - 狄拉克统计法。他还给出了统计类型与波函数对称性质间的内在联系。

1926 年 9 月，狄拉克获得博士学位后想出去旅行，他向往着量子力学的发源地格丁根，但福勒劝他去哥本哈根。他接受了福勒的建议，到哥本哈根访问。他受到亲切友好的接待，结识了玻尔、埃伦费斯特、伽莫夫和泡利等人，大大开阔了眼界。在哥本哈根不到半年，他完成了两项重要的研究：一项完成于 1926 年 12 月，通过引进 δ 函数，完成了由约尔旦和兰措什开始的变换理论，把旧矩阵力学与波动力学统一起来，并做了普遍的推广，提出了量子力学的普遍物理诠释，从而使非相对论性量子力学成为严整的理论体系；另一项完成于 1927 年 2 月，通过把量子化过程应用于电磁场波函数本身，从而建立了完备的辐射理论。从量子力学出发，推导出整个爱因斯坦辐射理论，实际上开创了量子电动力学和量子场论的理论。

1927年2月初，狄拉克从哥本哈根启程赴格丁根，途经汉堡时参加了正在那里举行的德国物理学会会议。德国物理学家惊人的精力和不知疲倦的工作作风给他留下了深刻的印象。从汉堡到格丁根的火车上，狄拉克认识了宇宙学家。这次邂逅使狄拉克对宇宙模型产生了兴趣。

在格丁根，他与玻恩、海森伯经常见面，与奥本海默住在同一个供膳宿的公寓里，成为亲密的朋友。他会见了俄国物理学家塔姆，与他一起游了哈尔茨山。他还见到大数学家希尔伯特和库朗，听了外尔的群论课，这使狄拉克的数学知识提高到一个新的水平。格丁根的数学气氛，特别是外尔的数学想象力和洞察力，使他一直感到数学也许是描写物理世界最深奥秘密（诸如规范不变性、CP自发破坏、宇宙的左右不对称等）的有力工具。

1927年4月，狄拉克在格丁根发表了《色散的量子理论》，彻底抛弃了经典类比，完全用自己刚建立的辐射与原子相互作用理论，在取了一级近似并把含时微扰计算到第二项的情况下，导出了克喇末与海森伯的色散公式。

同年6月，他与奥本海默接受了埃伦费斯特的邀请，去莱顿访问，同时到乌脱勒克访问了克喇末。10月到布鲁塞尔参加索尔维会议，见到了包括爱因斯坦和洛伦兹在内的一大批杰出物理学家，并在会上就二次量子化方法做了一次发言。

这次索尔维会议的一个重要议题是量子力学的物理诠释。狄拉克在会上就物理过程的经典描述和量子描述间的差别做了详细的评论。他认为，量子描述中的测不准关系与非决定论是自然界中存在的客观过程的一种主观描述。他说:"自然界做出一种选择……我们不能预测这个选择将是什么。"这一立场招致了海森伯的反对:"说自然界做出选择是没有意义的,只是由于我们的观察,才造成了本征函数的收缩。"狄拉克强调本征函数展开的客观性,海森伯强调测量时观察者的作用,这自然反映了两种不同的哲学倾向。

会议期间还有个插曲。在一次讲演之前,玻尔问狄拉克:"你现在做什么工作?""我正想搞出一种相对论性电子理论。""可是克莱因已经解决了这个问题。"狄拉克听后有点吃惊,因为他觉得玻尔对克莱因方程相当满意是没有道理的。

狄拉克不满意克莱因理论,因为它会导致负概率,不合乎他对量子力学的普遍物理诠释。诚然,可以把概率密度修改为电荷密度,从而使克莱因理论成为描述电子集合的理论,但狄拉克认为,没有单电子理论为基础的多电子理论不能看作一种合乎逻辑的理论。为了得到合乎逻辑的理论,狄拉克设法建立一种对时间和空间坐标来说都是线性的微分方程。这在数学上相当于求得一种线性形式的四项平方和的方根。在解决这个难题时,狄拉克从泡利的二行二列 σ 矩阵那里得到很大启发。1928 年 1 月,25 岁的狄拉克用四行四列矩阵代替 σ 矩阵,使全部困难迎刃而解,成功地建立了相对论性电子理论。

这一理论取得了巨大的成功,它为 20 世纪 20 年代量子物理学中原有各自独立的主要实验事实,包括电子的康普顿散射、塞曼效应、电子自旋、磁矩和索末菲精细结构公式等,提供了一种统一的具有相对论不变性的理论框架,并为氢原子提供了一种模型。但与这些成功一起出现的还有严重的负能困难，即方程给出了没有物理意义的负能解。对负能态的存在怎样才能做出合理的解释呢？为什么正能电子不会向无限深的负能态跃迁，从而释放出无穷大的能量呢？对于这些问题，狄拉克在一个相当长的时间内感到迷惑不解，因此，除1928年6月在莱比锡大学讲演时总结了这一理论外，将近两年时间，他没有就这一理论发表过任何东西。

1929年，他应邀到美国密执安大学和威斯康辛大学访问讲学5个月。随后与海森伯同舟横渡太平洋去访问日本，接着穿过西伯利亚返回英国。在太平洋上，狄拉克与海森伯两人经常坐在甲板的椅子上，长时间地谈论各自在美国的经历和对原子物理学未来发展的想法，同时讨论方法论问题。海森伯认为，只有对广泛的范围内各种困难问题的统筹兼顾，才有助于清除科学发展道路上的各种障碍。狄拉克的出发点则是特殊问题而不是广泛的联系。他认为科学家决不能一次解决一个以上的问题，任何人在某一时期想要这样做就是狂妄，因为在原子物理学中每走一步都要经历异常艰巨的斗争。重要的是搞清楚出现在发展的某一特定阶段的概念结构，抓住真空的问题，过多地考虑包含着无数困难的全局只会使人泄气。不过两人都以玻尔常说的格言自我安慰：一个正确陈述的反面是假的陈述，而一个深刻的真理的反面可能是另一条深刻的真理。

1929年12月，经过一年多的求索，狄拉克提出一幅崭新的真空图像来克服负能困难。真空并非一无所有，它是所有负能态都已填满而所有正能态全都未被占据的最低能态，它作为背景没有可观察效应；泡利不相容原理限制了正能态电子向负能的跃迁；负能态中的空穴被认为是带正电荷的正能粒子，即质子，它与电子间的巨大质量差来源于额外的库仑作用。在空穴质量问题上，外尔和奥本海默对狄拉克提出了批评，指出从数学上看来空穴质量必须与电子质量相同。到 1931 年 5 月，狄拉克接受了他们的意见，考虑把带正电荷的空穴看作一种"实验物理还不知道的新粒子，它们与电子的质量相同，与电荷的质量相反"，这就是反粒子或反物质。狄拉克根据反物质理论预言了正反粒子的成对产生与成对湮灭，并为物质存在的实物形式和辐射形式的相互转换提供了一种具体机制。

1932 年 8 月，美国加州理工学院的安德森在宇宙线实验中发现了正电子。1933 年，布莱克特和奥基亚利尼又在实验室中证实了正反电子对的产生与湮灭。这样一来，狄拉克的反物质理论就实现了图像、概念、物理解释与实验的有效统一，成为 20 世纪量子理论创建活动中最完美的物理学理论之一。狄拉克所提出的真空图像和反物质概念，使人耳目一新，彻底地革新了人类关于自然的图像，深刻地改变了人类的自然观。

众所周知，古希腊哲学家德谟克利特等古代原子论者认为，世界由原子和虚空组成。伽利略和牛顿开创的近代科学所提供的自然图像与此没有什么实质上的不同。虽然光的波动说的复兴曾使以太观念得到过一定的传播，但是，爱因斯坦狭义相对论否定了洛伦兹以太，从而恢复了真空是虚空的图像。诚然，到 20 世纪 20 年代，爱因斯坦本人也曾指出过，"依据广义相对论，一个没有以太的空间是不可思议的"。但这只是一般的议论,并没有具体的物理内容。可是狄拉克却以一种具体的物理图像,而不是空洞的哲学玄想向人们指出,根本不存在虚空,所谓真空实际上是一种充满物质实体的存在形式。另外,它所预言的成对产生和成对湮灭,已使基本粒子失去了不朽性和基本性,从而使"原子"概念也彻底崩溃了。这样,他就彻底摧毁了原子论的自然图像,为一种新的以太图像开辟了道路。特别值得强调指出的是,狄拉克的新自然图像已成为量子场论和高能物理的图像基础,没有这种基础,就难以对微观世界进行进一步的研究。

30 岁的狄拉克成了一代科学伟人,他的理论被认为是理论物理学最辉煌的成就。可是他却谦虚地认为:"反物质是爱因斯坦狭义相对论的直接结果。"

杨振宁曾对狄拉克评价说:

> 在量子物理学中,对称概念的存在,我曾把狄拉克这一大胆的独创性的预言比之为复数的首次引入,复数的引入扩大改善了我们对于整数的理解,它为整个数学奠定了基础,狄拉克的预言扩大了我们对于场论的理解,奠定了量子电动场论的基础。

1933 年 12 月,狄拉克与薛定谔共获 1933 年度诺贝尔物理学奖。在此以前,他于 1927 年 11 月当选为剑桥大学圣约翰学院学术委员会成员;1930 年当选为英国皇家学会会员,同年出版了《量子力学原理》；1932 年就任剑桥大学卢卡斯讲座的数学教授，这是牛顿曾经担任过的讲席，得到这个讲席是极大的荣誉。

五、进一步的理论探索

1931 年 5 月，在提出反物质概念引入电荷共轭对称的同时，狄拉克还根据电和磁的对称性提出了磁单极子理论；次年，又提出了具有明显的相对论性不变的多时理论量子场论体系，为后来朝永振一郎、费曼、施温格尔发展协变场论奠定了基础。1933 年 10 月，在参加第七次索尔维会议时，他首次根据空穴理论通过分离出无穷大的对数，提出电荷重正化问题。1934 年又提出了场算子积的真空期望值问题，并第一次用贝塞尔函数写出了在场论的传播子理论和对易子理论中极为重要的不变 D 函数的显示表式。

1934—1935 年，狄拉克在美国普林斯顿高级研究院工作了 5 个月，研究高维空间中的波动方程。1935 年 6 月到达日本访问。7 月 8 日应我国清华大学物理系邀请，从日本经塘沽到达北平，在清华工字厅住了三天，做了关于正电子的讲演，与北平的物理学界人士会见。嗣后，在周培源、任之恭、王竹溪等人陪同下游览长城。在返回英国途中曾在苏联西伯利亚观看一次日食，并与回苏联后被软禁的卡皮查会见。

1937 年，35 岁的狄拉克与维格纳的妹妹玛格丽达结了婚。同年，他提出大数假说，对引力常数随时间而变化的假说做了论证，并企图在宏观世界和微观世界之间建立起某种联系。值得指出的是，狄拉克对这一假说的兴趣历经四十多年而毫不衰减，直到晚年还不断撰文论述。

1934年以后，作为量子理论应用的原子核理论和介子理论蓬勃发展起来，但狄拉克对于这些应用不感兴趣，他把自己的绝大部分注意力集中在如何使量子理论获得一个严整的逻辑基础上。他看到，现有的量子理论在计算中不可避免地要出现无穷大，这使整个理论在逻辑上处于一种不能令人满意的状况。数十年来，他一直在思考这个问题。这些探索尽管没有取得成果，但其中某些深刻的思想对于量子理论逻辑基础的进一步探讨还是有益的。

1951—1952年，狄拉克提出，电子也许本质上就是一种量子概念而不是经典概念，当前量子电动力学上的麻烦不应归咎于量子化的一般原则，而应归咎于我们从一种错误的经典理论出发进行工作。他提出的新方案是在经典级只有电荷的连续分布，只有当量子化后，才出现电子和精细结构常数。但遗憾的是，他一直未能找到适当的量子化方案。

1963年，狄拉克又提出了一种弦模型，在这种弦模型中，库仑力以法拉第力线型的弦来表示，弦的端点是电子，弦的断与合即对产生与对湮灭。这一工作已经在基本粒子研究中引起了反响，科古特和萨斯坎德的夸克弦模型正是狄拉克弦模型基本思想的直接发展。

1969年狄拉克从剑桥大学退休，任荣誉退职教授。1970年去美国纽约州立大学石溪分校和迈阿密大学理论研究中心工作。1972年任美国佛罗里达州立大学物理系教授。此后直到他去世，狄拉克一直住在美国佛罗里达。

晚年的狄拉克仍然在参加各种理论物理学术会议和活动，发表了学术讲演。20世纪80年代初的讲演中，除大多数假说外，一个始终贯穿着的主题就是对重正化方法提出了严厉的批评。本来，狄拉克是重正化理论的真正先驱。但是，他对于重正化方法所取得的成就却从来没有表示过赞赏。他认为重正化既没有牢靠的数学基础，又没有相当的物理图像。狄拉克感到重正化方法中最不合逻辑的是，它所忽略的不是微小的量而是无穷大的量。不管狄拉克对重正化的批评是否有失偏颇，但他要求量子论应有一种严密的逻辑结构，而不应只满足于凑合实验数据的计算手段，这些却是完全合理的。

六、正直的学者、深刻的思想

狄拉克重视学术上的追求，热爱科学，追求真理，一心治学，学风谨严，是个独树一帜、从不随波逐流的人；为人谦虚，性格内向，不讲究物质生活上的享受，不喝酒，不抽烟，只喝水；喜欢走路和游泳，除了偶尔跟朋友或家人去电影院看看电影，基本没有其他爱好；平时沉默寡言，剑桥大学的同事曾经开玩笑地定义过所谓"狄拉克单位"："一个小时只说一个字。"但他真的说起话来却并不枯燥，而是别有风趣。有一个关于海森伯与狄拉克之间对话的故事，说明了狄拉克的幽默感。

有一次，海森伯和狄拉克一块儿参加了一个晚会。这期间海森伯一直在寻找女伴跳舞，而狄拉克虽不太喜欢这类活动却也默默地在一旁坐着看。一段舞毕后，海森伯回到狄拉克旁坐下。狄拉克问道:"海森伯,为何你喜欢跳舞?"海森伯回答道:"当有许多好女孩时,跳舞就是一件快乐的事。"狄拉克陷入了沉思,约莫五分钟后他又问道:"海森伯,为何你有办法在一开始就知道她们是好女孩呢?"

作为一个学者,狄拉克不大关心政治,但作为一个正直的科学家,却富有正义感。他是个无神论者,对于宗教蒙昧主义,他不仅从理性主义的立场出发予以抨击,而且还对其可能产生的社会政治负作用进行了有力的揭露。

在科学上,狄拉克高度重视理论的内在一致性,深信正确的基本理论的严格逻辑推论,即使它将违背常识性的直观也在所不惜,但他也注意随后引进新的图像来代替常识性的直观,作为把握理论(规律及其数学形式)的自洽性的一种手段。

狄拉克被爱因斯坦理论中的数学美深深吸引。他一生追求数学美,也大力提倡数学美。他的学生曾回忆道:有次他被问到对于物理学的核心信念是什么,他走向黑板并写下"自然的法则应该用优美的方程去描述"的字样,表达了自己追求优美数学的信念。1981年5月在提前纪念狄拉克80寿辰的洛约拉讨论会期间,狄拉克也反复说道:

> 我想我正是和这一概念(优美的数学)一起来到这个世界上的。

这里所说的数学美,指的主要还不是严密、精确、简练,而是物理理论的数学公式具有尽可能广泛的变换不变性。

狄拉克坚信自然界的统一性。这种统一性表现为各种现象间的内在联系和规律，又表现为基本自然规律的普遍适用性。从这种统一性出发，考虑到因果决定论的动力学理论在经典领域中的有效性，狄拉克要求物理学理论在描述自然界各领域（不管是低能物理还是高能物理）时，都应以一种统一的力学理论为基础。

在爱因斯坦的经典决定论和哥本哈根学派的非决定论长达数十年的激烈论战中，狄拉克始终坚持自己独特的观点。他认为，客观世界是决定论的，未受干扰的系统服从因果律，因而必须以表述因果联系的动力学理论来描述。但由于量子系统本身具有小的特征，观察所产生的干扰不可能排除，因而"我们不能期望在观察结果之间找到任何因果性的联系"。他在 1975 年 8 月于澳大利亚悉尼新南威尔大学所做的题为《量子力学的发展》的讲演中有一段话颇能代表他的立场：

> 根据现在的量子力学理论，玻尔所拥护的概率解释是正确的。不过爱因斯坦仍然是有道理的。……他认为物理学从根本上应当具有决定论的特征。我认为也许结果最终会证明爱因斯坦是正确的。因为不应该认为量子力学的现有形式是最后的形式。

在另一个地方，狄拉克更明确地指出，带有非决定论色彩的"现在量子力学理论具有一种过渡性质，它并不是物理学的终结，而是通向更完善理论的一个阶梯"。但他也指出：

> 当然，不会回到经典物理学理论的决定论。进化不会走回头路，它必然前进，必然会有一些相当出乎意料的我们无法预测的发展，这使我们更加远离经典观念。

1981年5月，各国科学家在美国芝加哥的洛约拉大学举行科学讨论会，提前庆祝狄拉克80寿辰，以便使奉献给他的纪念文章能于1982年8月送到他的手里。过了80寿辰之后，狄拉克身体一直不佳，最终于1984年10月20日在美国佛罗里达的塔拉哈西市过世，享年82岁，埋葬于当地的一座公墓。为悼念他，佛罗里达州立大学为他建立了纪念图书馆，英国布里斯托尔城将他幼年居住过的街道命名为狄拉克街，英国物理学会还设立了狄拉克奖，该奖第一个获奖人就是后来大名鼎鼎的斯蒂芬·霍金。1995年，为纪念狄拉克，一块刻有狄拉克方程的绿色石板被放进了象征英国最高哀荣的威斯敏斯特教堂，就放置在离牛顿墓不远的地板上。如若他地下有知，作为无神论者的狄拉克不知做何感想。

巴基斯坦物理学家、1979年诺贝尔物理学奖获得者萨拉姆对狄拉克有一个简短的盖棺论定式的评价：

> 保罗·狄拉克——毫无疑问是这个世纪或任一个世纪最伟大的物理学家之一。1925年、1926年及1927年他的三个关键性工作，奠定了第一量子物理、第二量子场论及

第三基本粒子理论的基础……没有人即便是爱因斯坦，能有办法在这么短的期间内对本世纪物理学的发展做出如此决定性的影响。

作为举世公认最伟大物理学家之一的狄拉克，他的工作已成为人类思想宝库中的一份珍品，已经并且必将继续为理论物理学的发展开拓广阔的道路。

（作者：曹南燕）

费曼

一个有趣的天才[1]

费曼

(Richard Phillips Feynman, 1918—1988)

---

[1] 本文材料的收集,得到加利福尼亚大学(Santa Barbara)的教授巴达什(L. Badash)和王作跃先生的协助,并得到 AIP(美国物理联合会)物理学史中心的博士沃特(S. R. Weart)的支持,谨此致谢。

> 无论费曼曾经开过其他什么东西的玩笑,他对物理学的热爱却是接近于崇敬的。
>
> ——L. M. 布朗

许多人都承认,费曼是第二次世界大战以后一代理论物理学家中最有天才、最有独创力、最有影响力和言行最不平凡的一个人。他所创造的"费曼图",被人们拿来和电子元件中的硅片相提并论,二者都大大提高了计算工作的速度。他的两本回忆录,在美国长期畅销,妇孺皆知。他的许多轶事和趣闻,广泛流传于物理学界和普通群众中,令人绝倒,令人神往。

20世纪70年代期间,苏联有一个理论物理学代表团访问美国。在宾主交谈中,美国人称赞了苏联理论物理学力量的雄厚,苏联代表团的团长说:"然而我们没有费曼。"这句话充分反映了费曼在国际学术界的崇高地位。

汉斯·贝特也是当代了不起的理论物理学家,诺贝尔奖获得者。他曾转述一位数学家的话说,天才有两种:普通的天才完成伟大的工作,但是人们却觉得那工作别人也能完成,只要下了足够的功夫就行;特殊的天才入于神化,他做的工作别人谁也不能做,而且完全无法设想。汉斯·贝特认为费曼就是这种特殊的天才,特别是，如果这个天才还是个有趣的人，那就更为难得了。让我们从几个主要方面来对这位特殊的有趣天才做些介绍。

一、生平简历

1918年5月11日，费曼生于纽约市郊海滨远摇镇的一个犹太家庭中，父亲梅尔维尔·费曼经营制服生意，母亲露西尔（原姓菲利普斯）是家庭妇女，妹妹约安·费曼比他小9岁。

据说当他还未出生时，费曼的父亲就对他母亲说过，如果生个男孩，将来就让他当科学家。这一愿望在费曼身上得到了超出预想的实现，而且连妹妹约安·费曼也学了物理并得了博士学位。

当费曼还很小时，父亲就买了五颜六色的马赛克（一种小瓷片）给他玩，教他摆出各种花样：两个白的，一个蓝的，又是两个白的……用这样的方式来训练他的数字概念并加深对规律的认识。费曼稍大以后，父亲又带他散步和做游戏，和他讨论鸟儿为什么不断地啄自己的羽毛之类的问题，以培养他通过实践来认识事物的习惯。他们家有一套《大英百科全书》，有问题就去查阅，因此费曼在小时候就掌握了比同龄孩子更为丰富的知识。他在自己的第二本回忆录中专门写了一节《一个科学家的养成》，记述了幼年时的一些情况。

费曼从小头脑就特别灵活，干什么都能想出一些新奇的主意。他买了一些废旧物品，在家中建立了自己的实验室。他制造一些小玩意，而且逐渐成了修理收音机的能手。他的父母决心送他进最好的大学，但是因受犹太学生名额的限制，他没能在纽约上大学，而是于 1935 年他 17 岁时进了麻省理工学院，于 1938 年只有 20 岁时就获得该校的科学学士学位。他本来打算继续在麻省理工学院做研究生，他的老师和系主任斯莱特却劝他到别的大学去开阔一下眼界。于是他去了普林斯顿大学，一方面读研究生，一方面做惠勒的研究助教。第二次世界大战开始后，他在普林斯顿参加了曼哈顿计划，于 1942 年获得博士学位。1943 年 4 月去了洛斯·阿拉莫斯国家实验室工作。战争结束后，他经汉斯·贝特的推荐，于 1946 年秋到康奈尔大学当了教授。1949 年，他到巴西短期访问。1950 年，加州理工学院请他当教授，并允许他先休假一年。他于 1951 年到巴西工作了半年，然后就回到加州理工学院先做一般教授，1959 年成为托尔曼理论物理学教授。

1965 年，"他们在量子电动力学方面的基本工作给基本粒子物理学带来了深远的影响"，费曼、施温格尔和朝永振一郎三人合得了当年的诺贝尔物理学奖。

1986 年 1 月 28 日，美国发生了航天飞机"挑战者号"爆炸的重大事故，机上人员全部遇难。几天以后，有人邀请费曼参加向总统负责的事故调查团。他起初不同意，后来考虑到公众的利益，才同意了。在调查中，他取得了重要的结果。

费曼从 20 世纪 70 年代就身患癌症，先后于 1978 年、1981 年、1986 年和 1987 年动过手术。1988 年 2 月 15 日，他在洛杉矶加利福尼亚大学的医疗中心逝世。一两天后，《纽约时报》《洛杉矶时报》等各大报纸都报道了他逝世的消息，并介绍了他的为人和成就。

早在上中学时，费曼就认识了一位很活跃的女同学阿琳·戈林鲍姆，他们相爱数年，打算结婚。但阿琳被诊断为肺结核，已到了晚期，活不了几年了。大家都劝他们不要再结婚，但是他不听劝。他不在乎是否有过诺言，而在乎自己的感情。因此，1941年当费曼还在普林斯顿求学时，就举行了简单的婚礼。婚前婚后，阿琳一直住在医院里，后来就在1946年逝世了。到了晚年，当有人问费曼一生最自豪的是什么事时，他说那就是"我能用尽我所能的爱去爱了我的第一位妻子"。

费曼的另一位女友叫玛丽·鲁，他们常常争吵。但是当他在巴西时，费曼感到寂寞而孤独，于是就写信向玛丽·鲁求婚，并结了婚。但是婚后不久二人就分手了。

1961年，费曼有了第三位妻子。他们生活得很好，有一个儿子和一个女儿。

二、赤子之心

作为一代奇才的费曼，小时就有神童之誉。他喜欢猜字谜、解难题、研究心算和速算，用各种出人意料的办法和同伴们斗智。上大学时，他也经常以别人想不到的办法帮同学解题。在暑假中，他曾替一个公司做过测量摩擦力的工作，从中积累了实践经验，得出了有意义的结果。大学毕业的那年，他在一个私人创办的小工厂当总化学师。当他向普林斯顿大学申请去那里当研究生时，学校的人们发现他的理科成绩超过了历年入学学生的成绩，但是他的历史和英文成绩却特别糟糕。后来学校当局几经考虑，才收下了他。

从上中学时起，他就喜欢和比他大的孩子们一起玩。同伴们常取笑他，说他腼腆。因此，他最怕别人说他有"脂粉气"，特别注意要做一个"男子汉"。这就养成了他不拘礼节、有时故意表现得很粗鲁的作风。他曾经回忆了麻省理工学院和普林斯顿大学的不同校风。两所学校都有回旋加速器。费曼说，麻省理工学院管理得井井有条，加速器收拾得漂漂亮亮，是一部金碧辉煌的加速器。普林斯顿大学的加速器则不然，房子里乱哄哄的，满地都是电线，用到什么配件就得临时现做。但费曼却认为，这种灵活的、不中绳墨的作风反而更容易取得重要成果。普林斯顿大学是一所比较老式的大学，有点像剑桥大学的翻版。人们的言行有许多规范，学生就餐时要穿校服，文质彬彬，讲求礼节。在一次茶会上，费曼的应对有些失当，于是一位夫人说："嘿，嘿，嘿，嘿，您肯定是在开玩笑，费曼先生。"这话启发了他，几十年后他就用这句话做了他第一本回忆录的书名。

人们说，费曼一生特别愿意吸引别人的注意，喜欢表现自己，有时不大像个著名物理学家，倒像个马戏团的演员。他常常做出许多小动作，表演各种把戏，说话带脏字儿，故意引人发笑，许多言行有点像中国俗话所说的"耍活宝"。这种个人风格，也许对某些喜欢装腔作势的所谓科学家而言，有点太不庄重，但费曼自己完全无所谓，他就是率性而为的人，并不想装出一副深沉的模样吓唬别人。

费曼对各种事物都有强烈的好奇心，他研究蚂蚁的爬行、做梦时的感受、剧烈活动时的心跳等等。有一次一个催眠术表演需要一个催眠的对象，当时在场的他从后排的座位上跳起来，用尽平生之力大声喊道:"我来!"据他的导师惠勒说,那次催眠的效果非常好:被催眠以后,人家要费曼怎样,他就怎样。后来费曼也对被催眠时的感受作过一番叙述。他就是这样一个爱开玩笑的人,以至于有时候谁也无法断定他到底是在开玩笑,还是在说真话。

这样的一个活跃人物很容易受到人们的喜爱,尤其是容易受到孩子们的欢迎,当然有时候也因太不拘礼而冒犯了别人。在家中,他常逗自己的小妹妹玩。和惠勒一起工作时,惠勒家的两个孩子,一个5岁,一个3岁,一有机会就缠住费曼玩,而他也总能想出各种花样来逗引他们。在康奈尔时,他是汉斯·贝特家的好朋友。戴森曾经描述过有一次到贝特家参加茶会时的情形:

我们到达后,被介绍给了当时只有5岁的亨利·贝特,但是他对我们毫无印象。事实上,他所要说的只是,"我要狄克,你们说过狄克要来的"。最后人们只能让他上床去睡觉,因为狄克(费曼)还没露面。大约半小时以后,费曼闯了进来。他只来得及招呼一声,"对不起,我来晚了,刚刚要来却得到了一个很巧妙的想法",然后就冲上楼去安慰亨利了。这时人们都停止了交谈,倾听楼上的声音:一会儿是两个人角斗的声音,一会儿是某种单人打击乐队的声音。

费曼的计算才能是惊人的。在洛斯·阿拉莫斯时,他带领了一批计算员用当时还很原始的(机械)计算机负责数字计算。在当时那种远离文明的秘密研究基地里，生活还很艰苦，人们缺乏适当的娱乐，这就更给费曼提供了发挥他才能的机会。在那里，他成了特别活跃的人物，和同事们开各种玩笑，成了大家的开心果。在和妻子的通信中，他也故意写些莫名其妙的密码，把负责保密的人员弄得啼笑皆非。作为一个小小的恶作剧，他研究了所有保险柜的数码锁，并随时留心别人的动作，从而总结出许多规律和窍门，能够在很短的时间内打开任何一个装有机密文件的保险柜。他的这项技巧超过了专家的水平，从而成了研究基地上的名人。

他还热衷于跟各种人等打交道，以获得各种新鲜经验。在巴西时，他出入于酒吧的灯红酒绿之中，和端盘子的姑娘们交朋友。到日本开会时，别人住在现代化的旅馆中，而他则非住旧式的日本旅店不可。安排出游时，他不要去任何旅游胜地，而要求到日本最偏僻的乡村去体验生活。

费曼的父亲从小就教育他，不必崇拜任何大人物，不必害怕任何冠冕堂皇的事物。他说，他父亲是出售制服的人，知道人们穿上制服也没什么了不起。因此，他总能在最庄重的事物中看出最可笑的侧面。这使他我行我素，遇事满不在乎。他的第一位夫人有一次问他："你何必在乎别人怎么想呢？"后来他就用这句话做了他第二本回忆录的书名。

在第一本回忆录中，他记述了获得诺贝尔奖后的许多趣事，也介绍了参加审定中学教材时的经历，其中"根据封面来审定书籍"那一节，简直是绝妙的讽刺故事。在第二本回忆录中，他用将近全书一半的篇幅记述了参加调查航天飞机失事原因的经过。从他的叙述中，人们可以看到美国官场中许多荒唐可笑的现象。他提出的一个问题：一个科学家必须真诚正直，但是一个真诚正直的人能在华盛顿生活下去吗？

三、路径积分和费曼图

在笔者看来，费曼的诺贝尔受奖演说是所有诺贝尔物理学奖演说中最为趣味盎然的一篇。演讲中，他娓娓而谈，介绍了自己的思想发展。将他的介绍和别人对费曼电动力学的介绍比较一下，就会发现费曼的叙述是何等引人入胜，而别人的介绍则是何等艰深晦涩和枯燥沉重。人们一般都会认为，一种新理论的创立者当然能够把他自己的理论阐述得最清楚。事实上往往相反，一种理论诞生以后，一般常常需要经过别人的整理和再表述，才能成为比较确切、系统和比较清晰，从而易于被人接受的东西。因此，费曼这篇演说的独特优点，主要还应归功于他那特别高超的表达天才。

当他还是一个大学生，在麻省理工学院学习《已知的物理学》时，费曼就已经注意到，使人们大伤脑筋的根本问题在于当时那种量子电动力学还远远不能令人满意地解决电子自身能量和电磁场真空能量的发散性问题。于是费曼就想到，既然那些理论很不成功，那就不必太多地注意它们，倒不如另起炉灶，按自己的想法去解决困难。

他首先考虑了电子的自身能量。在经典理论中，一个点电荷对它自己的作用力和作用能量已经是无限大了。当时费曼还很年轻，他把问题看得很简单。他认为，电子对自己会有作用力，这想法本身就是不对的。他觉得，如果一个电子受到了作用力，那么那个作用力只能来自别的电子。这种看来很天真的看法，蕴藏了后来的所谓"重正化理论"。这种看法引导费曼设想，根本不可能有什么场，有的只是各电子之间的直接相互作用。因为如果每一个电子都引起自己的电磁场，每一个电子所受到的总电磁作用力就必然有一部分是来自它自己的场，这样电子对自身的作用就无法回避了。费曼认为他自己的新观点可以解决电磁场真空能量的发散性问题，因为不存在自身作用当然也就没有自身能量（和自身质量）的发散问题，不存在场也就没有场的无限自由度，当然也就没有零场能量的发散问题。他觉得这种观点非常美妙，因此他说从一开始他就深深地"爱上了"这种观点。他发挥了自己一贯的语言风格，这样写道：

就如你必须对一个女子所知不深，以免发现她的弱点，才能爱上她那样。弱点在以后会发现，但是那时你已经欲罢不能了。

然后他就到了普林斯顿并遇到了惠勒。说也凑巧，惠勒一直就有一种想法，认为许多物理现象都应归结为电子的作用。这和费曼的想法不谋而合。当时费曼就把自己的一些计算拿给惠勒看，而惠勒立即指出那是不对的，因为费曼的计算只考虑了光的反射，而按照常规的电磁理论，光在入射和反射的过程中必有推迟现象，这和所谓电子的辐射阻尼完全是两回事。同时，如果不承认电子自身的作用，它在发射电磁波时就不会损失能量，那显然也不可能。

费曼觉得自己的研究前功尽弃了，惠勒却叫住了他，给他"讲了一次课"。费曼当时觉得惠勒一定是早就考虑好了这些问题，才讲得头头是道。后来他才意识到，惠勒讲的那一套原来都是临时想起来的，事先并没有任何准备。惠勒认为，如果承认常规的电磁理论，或只承认电磁作用的推迟传播，费曼的想法当然是不能成立的。但是，如果抛弃习见的办法，既承认推迟传播又承认超前传播，在某些辅助的假设下，费曼的想法还有可能成立。他让费曼把问题拿回去再算一次，看能否得到有意义的结果。

费曼发现，如果认为一切的作用都是通过麦克斯韦方程的一半推迟解和一半超前解来传播，则在适当的辅助假设下，他的原始想法可以得到保持。他花了若干个月的时间来核对自己的理论，一个个地排除谬误，终于证实了理论中不存在逻辑上的问题。他的原始计划是直接用粒子的运动来描述一切现象，而完全不提到什么场。结合这一目的，他求出了一个作用量的积分表示式，并引用了电荷系的最小作用量原理。就是说，当令作用量积分的变分等于零时，就得到了各电荷的正确运动方程。由于作用量表示式中只包含各电荷的时空坐标，这种理论就确实没有涉及任何场的概念。在作用量表示式中略去和时空间隔的零值相对应的项，就可以从理论中把电子的自身作用排除出去，从而无限大的自身能量也就不复存在了。这样，费曼就得到了经典电动力学的一种全新表述。更进一步，他和惠勒也探索了改经典电动力学规律产生的各种可能性，得出了一些很有意义的结果。他们把自己的理论告诉了包括爱因斯坦在内的几位最著名的理论物理学家，也引起了人们很大的兴趣。于是惠勒就安排费曼做了一次学术报告,让费曼先报告经典理论部分,并且表示他自己将报告量子理论部分。爱因斯坦和泡利等人都来听了费曼的报告,而惠勒的报告则一直未能做出。

惠勒认为,他们新得到的(经典)理论还不够成熟,而且内容太烦琐,不宜当作一篇博士论文。于是费曼就接下去考虑了另外的问题。当时他觉得,既然已经有了经典电动力学的"拉格朗日表述",下一步任务就是把这种理论加以量子化。但是在迈出这一步时,他遇到了困难。因为在普通的量子力学中,人们是从理论的哈密顿表述开始进行量子化的。现在他用了拉格朗日的表述法,反而就对量子化无从着手了。后来,一次偶然的机会,有人告诉他狄拉克考虑过这种问题。于是,他从狄拉克的论文得到了启发,经过反复的探索,最后得出了量子力学的一种新表述形式,并就此写成了自己的博士论文《量子力学中的一种最小作用量原理》。

惠勒曾经向爱因斯坦介绍过费曼的理论。他说:

> 费曼已经找到了一种简洁的图像,来理解一个动力学体系从一种位形过渡到以后一个时刻的另一位形的概率幅。他处理问题的依据是,认为从初态到末态的一切可设想的过程都绝对平等,而不管中间的运动是多么荒诞不经。这些过程的贡献在幅度上完全没有差别,而只在周相上有差别。而周相则恰恰是经典作用量,二者只相差一个因子 h。这种办法可以重新得出全部的标准量子理论。

后来惠勒说，他一直认为费曼的博士论文标志了一个时刻，这就是：此时量子理论第一次变得比经典理论更简单了。

惠勒作为导师，没能参加费曼的博士论文答辩，因为他为了原子弹的理论问题而出差去了芝加哥。不久以后，费曼自己也去了洛斯·阿拉莫斯实验室。

费曼回忆说，在洛斯·阿拉莫斯期间，他没有抽出多少时间来考虑电动力学。他已经用路径积分的方法表述了量子力学，但是他的最初目的是解决量子电动力学的发散问题。在战争期间，他在公共汽车上或什么别的地方，有时也会拿出一小片纸来写写算算，进行各种尝试。当试着把他的力学作用量进行某种推广时，他发现他所定义的能量将取复数值，而且所有尝试过程的概率之和不等于1。他认为必须找出一种新的概率幅表示式，而这一点他却没能做到。但是通过一系列的探索尝试，他取得了丰富的经验，最后发展出一套独特的计算方法。

实际上，从一开始，费曼利用的就是积分表述法。他考虑的不是某一个时刻的态，而是许多态的总效果，特别是初态和末态之间的联系。我们知道，这种联系是用所谓 S 矩阵来表示的。费曼把 S 矩阵的各个元用一些简单的图解来表示，并摸索和总结了一套快速计算各矩阵元的巧妙方法。这就是所谓的费曼图和费曼法则。利用这种办法，他避开了计算中的发散问题，确立了自己的重正化理论。

费曼仍然"爱着"他的理论，他说这是一种整体性的观点。他分析说：

因此，我的优势就在于我有一种明显协变形式的量子电动力学，以及修订这种理论的某些设想，等等。我的劣势就在于，如果我太认真地看待这种理论……，我立刻就会遇到复数能量和总概率不等于1之类的困难。

直到这时，费曼说他自己"还没有实际地做任何工作"。就是说，他有了一套原则性的计算程序，但是还没有把这套程序用到任何一个具体的确定的问题上去。他甚至还没有进行电子自身能量的试计算。但是费曼自称当时他已经熟悉了修改电动力学的一切可能的办法。

大战以后，费曼去了康奈尔，不久就出现了著名的兰姆位移实验（1949）。汉斯·贝特按照非相对论式的量子力学来考虑了这种现象，得到的结果不够满意。因此，他认为必须有一种适当的量子电动力学来计算自由电子和束缚电子的自身能量之差，而这种理论"即使在物理上并不完全正确"也不要紧。

费曼自以为是"了解当时人们已知的每一种改进量子电动力学的方式"的人，因此他就对汉斯·贝特说，他可以提出这样的计算方法。他回忆道：

于是，最后我就教会了自己如何计算一个电子的自身能量，通过当时那种……可怕的混乱而打通了自己的耐心的道路……我的剩下来的工作简单地说就是怎样改进当时已有的计算技术，画一些图形来帮助更快地分析微扰理论。在起初，大部分工作都是通过猜测来做出的……我引用了代表各个微扰级数项的图形，改进了所用的符号，得出了计算这些问题中各个积分的简便方法，等等，而且我也编制了如何搞量子电动力学的一种手册。

费曼曾用一个事例来阐明他理论的效率。当时人们已经提出了介子理论，但是费曼还不熟悉。他不得不把人家的语言翻译成自己的概念，并猜测如何把自己的量子电动力学改造成更普遍的基本粒子理论。在一次学术会议上，斯劳特尼克做了自己的报告。他用两种不同的模型计算了电子和中子的相互作用，得到的结果并不相同。在会场上，人们觉得这两种结果应该是相同的。费曼曾经猜测了人家说的两种"耦合"是什么意义，他觉得这是检验自己的猜测对不对的一个好机会。那天晚上，他就用自己的办法计算了在两种耦合下电子在中子上的散射。他得出了不同的结果，并且详细地算出了两种结果的差值。第二天开会时，他就请求和斯劳特尼克对一对结果。但是斯劳特尼克却说："你说昨天晚上做的，那是什么意思？这工作花掉了我六个月呢！"当看到费曼的答案时，他又问道："那里的 Q 是什么？那个变量 Q。"费曼说那是由散射角不同的电子所传递的动量。但是斯劳特尼克又说："不，我只算了 Q 趋于零时的情况，只考虑了正前方的散射。"于是费曼在自己的公式中令 $Q \to 0$，就得出了斯劳特尼克的结果。这件事使费曼十分高兴。他一晚上做的工作大大超越了别人在半年内做的工作。

费曼的一套方法,后来在粒子物理学和其他理论中得到了广泛的应用。通过许多人的努力,现在已经能够计算电子的磁矩之类的物理量,并达到 10^{-8} 以上精确度。费曼在结束他的诺贝尔演说时说,他在年轻时爱上的理论现在已经成了一个老太婆,人们再看到她时不会怦然心动了,但是她曾经是一个很好的母亲,生了一些很好的孩子。

关于费曼图也有个流传很广的故事。费曼曾经开着卡车在西部旅行,车身上画满了量子电动力学的费曼图。当打扮得像个牛仔的费曼进到一家麦当劳餐厅吃饭时,有伙学生模样的哥儿们问他:你的车上为什么画着费曼图?费曼回答说:因为我就是费曼!那伙人诧异地上下打量他,眼镜掉了一地……

四、进入凝聚态物理学

在 20 世纪 50 年代,费曼主要研究了凝聚态物理学,特别是低温物理学。在 1953—1958 年间,他发表了 14 篇科学论文,其中有 10 篇处理了液氦问题,有 1 篇处理了超导性和超流性的关系,还有 1 篇处理了极性晶体中慢电子的运动(即极化子问题),只有两篇是处理凝聚态物理学以外的问题。

费曼常说自己是一个业余物理学家。当时他并不熟悉凝聚态物理学,但是他有非凡的独创性和深刻的物理洞察力,他用自己的独特方式处理了所遇到的新问题,在低温物理学和统计物理学中都留下了深远的影响。

1953 年，费曼发展了一种有关液氦的基本理论，证实了朗道等人早前的理论。氦 4 的原子是玻色粒子，具有零自旋的特性，因此由多个原子形成的液体氦的基态波函数对所有的粒子就都是对称的，而且到处都有正值。这样的波函数只有一个，整个的液体因此就表现得有如一个整体那样。这就是液氦在超低温下具有超流性的原因所在。在很低的温度下，液体中唯一可能的运动就是压强波。在稍高的温度，即在约为 0.5K 的温度下，原子有可能形成小环而转圈儿，这时它们基本上并不扰动其他的原子。这些小环就是朗道理论中的"旋子"。费曼证明了旋子的能量为什么在某一波长下取极小值，还证明了这一波长和氦原子之间的平均距离密切相关。

要形成旋子就需要有能量，温度升高时旋子就增多。旋子之间有相互作用，显示出黏滞性，因此旋子的集体就具有"正常液体"的特征。低温下的液氦可以看成两种成分的混合物，一种是超流成分，另一种是正常成分。当正常成分的百分比足够大时，就出现一种相变，超流性由此而消失。

费曼也得出了声子和旋子的波函数，而又过了大约 25 年，才有人得出了关于旋子-旋子相互作用的更确切理论。他在超导性问题上下了很大功夫，充分掌握了当时已有的实验文献和理论文献。他很有见解地认为，应该着重解释比热变化的特征，而不必解释那整条的比热曲线。他特别强调一切要从最基本的原理出发。20 世纪 50 年代后期，当许多理论物理学大家花了很大力气想得出一种微观的超导理论而无所成就时，费曼很快就意识到，1957 年巴丁等人的 BCS 理论（超导的微观理论）事实上已经解决了超导问题。

费曼在他的第一本回忆录中很风趣地描述了20世纪50年代初期他在日本出席一次学术会议时的情况。当时他已知道"如何用量子力学的规律来解释超流现象"。他对自己的成果非常满意，并且准备在会上提出报告。

在他做报告的头一天晚上，举行了一个宴会，而坐在他旁边的恰好是著名的固体物理学家昂萨格教授。此人态度严肃，不爱讲话，但每说一句话都是很有分量的。他说："喏，费曼，我听说你以为自己已经弄懂了液氦。"费曼说："噢，是的……"但是昂萨格只"唔"了一声，此后就再没作声。

第二天费曼做报告，头头是道地论述了有关液氦的问题。但是他认为还有一个问题没有解决，因为他不知道所涉及的相变是第一级相变还是第二级相变。这时昂萨格教授站起来很严肃地说：

喏，费曼教授在我们的领域中是一个新手，从而我认为咱们必须教导他。有件事情他应该知道，而我们也必须告诉他。

这时费曼想道："哎呀，我办坏了什么事呀？"但是昂萨格却接着说：

我们必须告诉费曼，任何人都不曾根据最基本的原理正确地推知过任何相变的级别，而他的理论不能求出级别，这并不表明他没有令人满意地弄懂液氦的其他方面。

费曼说，刚开始时他以为肯定要挨骂了，谁知后来得到的却是表扬。

派因斯曾经比较了几个人的工作。他说，在处理液氦之类的问题时，费曼采取了直接计算的方法，昂萨格利用了场论，而朗道则利用了十分普遍的论点。

五、在弱相互作用上的重要贡献

1988年2月17日的《纽约时报》在有关费曼逝世的讣告中写道：

> 费曼博士在二十几岁时重新塑造了量子电动力学，这种理论支配着每一种物理过程和化学过程，只有涉及引力和放射性的那些过程除外。由于这种工作，他和别人合得了诺贝尔奖。许多人相信，由于他和盖尔曼一起做的工作所取得的成绩，他是可以再得一次诺贝尔奖的。他们创立了一种弱相互作用理论，把那种现象描述成了电子从放射性核中的被发射。据说费曼博士本人更加喜欢后一种工作。他很坦白地说："我通过把一个巨大问题掩盖起来而得了奖。但是在这一事例中却有过一个时候，当时我知道了大自然是怎样活动的——那具有简洁性和优美性。"

在 50 年代，所谓 τ-θ 疑难曾经使许多理论物理学家困惑。后来人们渐渐意识到，问题的症结就在于宇称的是否守恒。众所周知，李政道和杨振宁在 1956 年提出了宇称在弱相作用中并不守恒的设想，而不久以后吴健雄就在实验上证实了这一设想。这一发现震动了物理学界。费曼和盖尔曼分析了当时已有的各种数据，建立了所谓普适的弱相互作用理论。他们假设，在弱相互作用中，起作用的只是粒子波函数的"左手"部分，这不但适用于中微子，而且适用于电子、μ 粒子乃至质子和中子之类的组合粒子。他们又认为，弱相互作用是普遍存在的，一切的粒子都参加这种相互作用，而且作用的强度也相同。由这种理论得出的许多结论都和实验符合得很好。曾经有一个实验似乎有问题，但是在更细心地重做了以后也和理论符合了。从那时起，所谓"手征"（chirality）概念就在粒子物理学中确立了自己的重要地位。

费曼对他自己的这一成就甚感得意。他在自己的第一本回忆录中专门写了一节来记述自己思想的发展情况。他谈到了自己怎样连夜进行计算，以致顾不得搭理找上门来的女朋友等等。他写道：

> 我想到了狄拉克，他一度有自己的方程——一个表明电子如何活动的方程，而我现在也有了这个关于 β 衰变的新方程。它不像狄拉克方程那样关系重大，但它是好的。这是我生平第一次发现了一条新定律。

费曼与盖尔曼是加州理工学院的同事，甚至两人的办公室都是隔壁。从20世纪50年代开始，两个人就有了密切的合作。盖尔曼比费曼小11岁，上大学时就是著名的神童，而且他当初就是冲着费曼的声名从普林斯顿来到加州理工学院的。但他们之间实际上是一种既合作又竞争的关系。费曼于1965年获得诺贝尔奖，盖尔曼则在4年后的1969年获得诺贝尔奖。盖尔曼是那种讲究逻辑、说话一本正经的绅士风格的人，而费曼则是剑走偏锋、喜欢插科打诨的人。有人说盖尔曼后来被费曼带坏了，也时不时地话中带刺、绵里藏针。在这两个风格不同的人之间发生过很多逸闻趣事。其中一个广为流传的故事是：费曼说有次他接到一个女士的电话，阐述一个荒谬至极的电磁理论，自己想尽办法都不能让她挂掉电话。事后他得意地向盖尔曼说起此事，盖尔曼回答说："哦，我想起来了，她给我也打过电话，不过我没用半分钟就把她搞定了。"费曼急忙问他是怎么做到的，盖尔曼回答："我只是说，你最好去找费曼，他是我们这个领域最好的专家。"

1988年，费曼因病去世后，盖尔曼多少感到了一些寂寞，但他还是不忘在自己的回忆录中这样打趣费曼说：

对于任何量子场论，我们都能画一些滑稽小图，这是我后来的同事费曼发明的，可以给人一种理解的错觉。

1988年费曼去世时只有70岁，而盖尔曼则活到了91岁，于2019年5月24日辞世。

20世纪60年代中期，盖尔曼与费曼曾经的学生茨威格分别独立提出了构成基本粒子的更小的微粒——夸克理论的猜测。不久之后，斯坦福的物理学家们进行了高能电子在质子上的散射实验。这种实验显示了很大程度的非弹性散射。这个结果使费曼很快意识到质子可能也有内部结构。也就是说，质子内部应该包含一些更小的带电单位，它们使电子发生弹性散射，而电子在整个质子上的非弹性散射就是这些弹性散射的后果。费曼把这些更小的带电单位叫作"部分子"。当然这个实验也从一定程度上证实了夸克理论，部分子的概念也逐渐被夸克的概念所取代。从那时起，研究夸克粒子在所谓强子中的分布，就成了粒子物理学的重要任务之一。为此物理学家发展出了所谓量子色动力学（QCD）。费曼曾经研究了量子色动力学、强子的相互作用，他也研究了夸克在强子中的禁锢问题。正如在别的领域中一样，他的这些工作也显示出了巨大的独创性和强烈的个人特征。可惜的是，由于受到癌症的长期折磨，他没有能够在这些问题中更充分地发挥自己的天才作用。

六、一位极其难得的教师

当回忆费曼时，人们都说他是一位真正伟大的教师。加州理工学院副校长古德斯坦甚至说，费曼"也许是他那一代和我们这一代中最伟大的教师"。作为教师，费曼的教学方法也是别开生面的。他或是提出问题，然后讨论如何巧妙地解决问题；或是给出现象，然后探求解释现象的理论可能性。他总是一下子就抓住问题的核心，不断地举出引人入胜的实例，用某些非常规、非习见的方法把问题展现在人们的面前。另外，在做面对大众的科学讲座时，他也总是会用各种办法以引起听众的兴趣，激起人们的好奇心。他教学方法的核心就在于总是教学生用一种崭新的眼光来看待物理学中的一切事物。在加州理工学院工作的 35 年中，费曼正式开设的课程达到 34 门之多，此外还讲了许多非正式的课。他成了其他教师的榜样和灵感源泉。古德斯坦回忆过很多关于他授课的情节及逸闻趣事，说明了费曼是如何竭尽全力地对待工作和教学的。古德斯坦指出，在费曼看来，上课的讲堂就是舞台，教师就是演员，他不但要对情节和角色负责，而且也要对道具和效果负责。

每当开始讲课时，费曼总是神采奕奕，面带笑容，手中搓弄着粉笔，像一个等待上场的运动员一样。有一次他到一个高级中学去介绍原子核的裂变。他同时向两班学生讲课，站在两个教室中间的门口，一边讲，一边用双手在两个黑板上同时画图。

他的讲课充满了如珠的妙语，常常引起哄堂大笑。例如，在一次有关广义相对论的讲课中提到了星系。他说，银河系中约有 10^{11} 颗星，这通常被看成一个巨大的数字；其实呢，这不过是一千亿，比美国的财政赤字还小一些，我们过去常常把这种数字叫作"天文"数字，现在恐怕应该把它叫作"财政赤字"了。

除自己的研究工作以外，费曼教的主要是研究生的课程，另外，他还承担了校外的许多任务，例如担任一些公司的研究顾问。在 1961—1963 年间，他给低年级学生上了两年普通物理课。在这段教学工作中，他完全抛开了传统的教学，自己安排了教学的内容。每次上课，他只带一小张纸条，上面仅有几个关键性的字和草图。

但是他自己说，每备一堂课要花许多功夫。讲课的内容当然是他完全熟悉的，但是他要反复考虑，看看什么是最好的讲述方法。学校教学部门把他的讲课录了音，经过整理，出版了三卷本的《费曼物理学讲义》。古德斯坦写道：

> 狄克有一次告诉我说，从长远眼光看来，他对物理学的最重要贡献不是 QED（量子电动力学），不是液氦或极化子或旋子的理论，他的真正记功碑将是他的《费曼讲义》。

确实，众所周知，三卷本的《费曼物理学讲义》很鲜明地反映了费曼的个性。书中充满了智慧和隽语，思路清晰而别致，含意深刻，迥不犹人，文字完全口语化，娓娓而谈，引人入胜。这套书作为一般的教本也许有不方便的地方，但是它将永远成为物理学的经典著作，不仅初学者，而且成名的物理学家也能从书中得到灵感。有人说，费曼的语言有犹太味，不是纯正的英语。这话恐怕未必尽然。更加可能的是，费曼一生最讨厌装腔作势，他讲话有市井气，绝对不是人们习惯了的那种文绉绉的学者腔。他不肯故弄玄虚，不肯拐弯抹角，而喜欢直话直说，喜欢开玩笑。这就使得他的文章风格大大不同于一般学术著作的风格。例如，一般科技文章或书籍中绝少会出现的"damn"（该死）这个词，在费曼的文章中则随处可见。这恐怕就是人们所说的不纯正吧。

七、一个多才多艺的人

费曼才华横溢,精力过人,不拘小节,性格好胜,一生用"游戏"或"竞技"的态度来对待人世间的一切事物,在物理学领域以外也做出了许多很不寻常的事情。在洛斯·阿拉莫斯时,被派到橡树岭实验室去检查安全的他因超人的记忆力引起了别人的注意。在康奈尔时,有人想制造一种新型的计算机,他帮助人家解决了许多关键性的问题。在调查"挑战者号"失事原因时,他用半分钟时间做了一个不花一分钱的实验,因此震惊了美国公众。实验过程是:在一次公开会议上,他让人给端来一杯冰水,然后用一个夹子夹住一块橡皮放在冰水中,以橡皮在低温下会失去弹性来演示推进火箭的管道接口的漏气造成了事故的发生。他参加调查的方式也与众不同,不是按照官样文章的"日程"去开会,而是常常独立活动,私下找具体工作人员去了解情况。在调查的过程中,他揭发了许多官方存在的问题,使有关官员大为尴尬。

费曼常常说自己是一个"片面发展的"人,他觉得自己太偏向于科学而缺乏其他方面的"文化"。事实上,他有多方面的才能和兴趣,和一般的科技人员比起来,他的"片面性"肯定要小得多。

由于喜欢破解难题,费曼研究过玛雅人的文字,还成了这方面的"业余专家"。他也上过学习画素描的业余学校,并和一个画家约定,他教给那个人量子力学,那个人教给他绘画。费曼直到晚年还随时画速写,他的绘画达到了相当的水平,举办过个人画展。在巴西时,他参加了一个民间乐队,学习"邦戈鼓",以此在当地出了名。他们那个乐队后来在一次赛会中得了奖,回到美国后,他继续练习击鼓,得到许多人的赞赏。有一位专业艺术家创作了一个芭蕾舞剧,全剧都用费曼的鼓声来伴奏。这出芭蕾舞剧后来在巴黎的一次比赛中得了第三名。

  费曼不喜欢哲学,常常对哲学说些很不尊重的话,但是他所反对的,只是那种故弄玄虚、空洞无物的废话,而不是那种慎思明辨、灵动深刻的本质思维。作为一位天才学者,他对人生和宇宙也有其深入肌理的看法,而且这些看法常常在他的言论和著作中流露出来。这方面的内容,还有待我们进一步研究和总结。这其实就是他的哲学,只不过他没有抬出任何古人来当作自己的招牌而已。

(作者:戈 革)

参考资料

普朗克 学林古柏的幸与不幸

[1] J. L. Heilbron. The Dilemmas of An Upright Man [M]. Berkeley：University of California Press, 1986.

[2] Hans Kangro. Max K. E. L. Planck [A]. Dictionary of Scientific Biography (XI) [C]. New York: Charles Scribner's Sons, 1975. 7–17.

[3] R. L. Weber. ed., Pioneers of Science：Nobel Prize Winner in Physics [C]. London：The Institute of Physics, 1980.

[4] M. Jammer. The Conceptual Development of Quantum Mechanics [M]. New York：McGraw-Hill Co., 1966.

[5] J. Mehra, H. Rechenberg. Historical Development of Quantum Theory [M]. Berlin-Heidelberg-New York：Springer-Verlag, 1982.

[6] 阿尔明·赫尔曼. 量子论初期史 [M]. 北京：商务印书馆, 1980.

[7] 戈革. 尼尔斯·玻尔和他的对应原理 [J]. 自然辩证法研究, 1987, 3 (2)：7–17.

玻恩 晶格动力学之父、量子力学的诠释者

[1] Max Born. My Life, Recollections of a Nobel Laureate [C]. London：Taylor and Francis, 1978.

[2] N. Kemmer, R. Schlapp. Max Born 1882–1970 [J]. Biographical Memoirs of Fellows of The Royal Society, 1971, 17 (November 1).

[3] Max Born ed., The Born-Einstein Letters [C]. trans. by I, Born. London：Macmillan, 1974.

[4] M. 玻恩. 我这一代的物理学[M].侯德彭、蒋贻安译.北京:商务印书馆,1964.
[5] M. 玻恩:我的一生和我的观点[M].李宝恒译.北京:商务印书馆,1979.

薛定谔　为人类理解自然和自身而奋斗

[1] William T. Scott, Erwin Schrödinger. An Introduction to His Writtings [M]. Amherst:University of Massachusets Press,1967.
[2] Armin Hermann. Erwin Schrödinger[A]. Dictionary of Scientific Biography(XII) [C]. New York: Charles Scribner's Sons,1975. 217–223.
[3] M. Born. Erwin Schrödinger[J]. Physikalische Blätter,1961,JG17:85–87.
[4] M. Jammer. The Conceptual Development of Quautum Mechanics [M]. New York:McGraw-Hill,1966.
[5] R. Olby. The Path to the Double Helix[M]. London:Macmillan,1974.
[6] 弗里德里希·赫尔内克.原子时代的先驱者——世界著名物理学家传记[M].徐新民等译.北京:科学技术文献出版社,1981.

泡利　和量子概念同年降生的人

[1] L. V. Tarasov. Basic Concepts of Quantum Mechanics [M]. Moscow:MIR Publishers,1980.
[2] C. P. Enz. W. Pauli's Scientific Work[A]. The Physicist's Conception of Nature [C]. Holland,Dordrecht:D. Reild Pub. Co., 1973,766–799.
[3] P. P. Ewald. Physicists I Have Known[J]. Phyics Today,1974,27（9）:43.
[4] W. Pauli. Collected Scientific Papers[C]. New York:Interscience,1964.
[5] W. Pauli. Relativifätstheorie[A]. Encyklopädie der Mathematischen Wissenschaften [C]. Leipzig:Teubner,1921.Vol.5,539–775.
[6] Anna Livanova. Landau,A Great Physicist and Teacher [M]. New York:

Pergamon,1980.

[7] M. Fierz, V. F. Weisskopf. ed., Theoretical Physics in the Twentieth Century [C]. New York：Interscience, 1960.

[8] J. Rud Nielson. ed., Niels Bohr：Collected Works (Vol.4) [C]. Amsterdam：North-Holland,1977.

[9] C. P. Enz. ed., Selected Topics in Field Quantization [C]. Mass：MIT Press,1973.

[10] L. M. Brown. The Idea of the Neutrino [J]. Physics Today, 1978, 31 (9)：20.

[11] E. U. Condon. 60 Years of Quantum Mechanics [J]. Physics Today, 1962, 15 (10)：37.

[12] C. P. Enz ed., Pauli Lectures on Physics [M]. Mass：MIT Press, 1973.

海森伯　学术瞩目和人品争议

[1] D. Cassidy, M. Baker.Werner Heisenberg-A Bibliography of His Writings [M]. Berkeley：University of California,1984.

[2] N. Mott, R. Peierls. Werner Heisenbery [J]. Biographical Memoirs of Fellows of Royal Society,1977,23（Nov）：212-251.这是海森伯的传记,文后附有海森伯的科学著作目录。

[3] HQP, Interviews.这是"量子物理学史档案"中对许多当时在世的量子物理学家的访问记录。对海森伯的访问共12次。对别人的访问也多有涉及海森伯的地方。但是这些资料不公开,查阅者必须得到有关单位的允许,并且要签署一份"保证书",保证遵守他们的规定(不得引用正文,只能"转述",等等)。

[4] 参见复旦大学王福山教授的几篇文章,收入复旦大学《近代物理学史研究》第一、二辑,里面对海森伯的情况作了一些细节的介绍。另外也看到了王福山的一篇还没写完的稿子,在此致谢。

狄拉克　革新人类自然图像的一代宗师

[1] C. Weiner. ed., History of 20th Century Physics [C]. New York and London: Academic Press, 1977.

[2] P. A. M.Dirac. Development of the Physicist's Conception of Nature [A]. The Physicist's Conception of Nature [C]. Dordrecht-Holland: D. Reidel Publishing Company 1973, 1–14.

[3] A. Salam, E. P. Wigner. ed., Aspects of Quantum Theory [C]. Londong: Cambridge University Press, 1972.

[4] W. Heisenberg, A.Pomerans. Physics and Beyond, Encounters and Conversations [M]. New York: Harper & Row, 1971.

[5] 狄拉克. 物理学的方向 [M]. 北京: 科学出版社, 1981.

费曼　一个有趣的天才

[1] Physics Today, 1989, 42 (2): 13. 该期是费曼纪念专刊.

[2] R. P. Feynman. "Surely You're Joking, Mr. Feynman" [M]. Toronto, New York: Bantum Books, 1985.

[3] R. P. Feynman. "What Do You Care What Other People Think？" [M]. New York: W. W. Norton & Co., 1988.

[4] R. P. Feynman. et. al. The Feynman Lectares on Physics [M]. Mass: Addison-Wesley Publ. Co., 1961–1965.

人名对照表

（按外文姓氏的首字母排序）

A
安德森——C. Anderson
阿龙斯——Leo Arons
阿斯顿——Aston

B
巴赫——J. Bach
亨利·贝克——Henry Baker
巴丁——J. Bardeen
本泽——S. Benzer
贝特尔——Annemarie Betel
汉斯·贝特——Hans Bethe
布莱克特——P. M. S. Blackette
布洛赫——F. Bloch
玻姆——D. Bohm
哈拉德·玻尔——Harald Bohr
玻耳兹曼——L. Boltzmann
古斯塔夫·玻恩——Gustav Born
玻色——D. M. Bose
玻特——W. Bothe
勃拉姆斯——J. Brahms

布雷斯特——C. J. Brester
布罗德——C. D. Broud

C
卡文迪许——H. Cavendish
柯西——A. L. Cauchy
查加夫——E. Chargaff
克劳修斯——R. E. Clausius
科布利兹——Coblitz
科克伦——W. Cochran
科恩——I. B. Cohen
康普顿——K. T. Compton
库朗——R. Courant
柯万——C. Cowan
克里克——F. Crick
坎宁汉——E. Cunninghan

D
德布罗意——L. de Broglie
德拜——P. Debye

德尔布吕克——M. Delbrück
德谟克利特——Dēmocritos
查尔斯·狄拉克——Charles Dirac
杜隆——P. L. Dulong
戴森——F. J. Dyson

E
爱丁顿——A. S. Eddington
埃伦费斯特——P. Ehrenfest
爱因斯坦——A. Einstein
伊丽莎白——Elisabeth
埃利奥特——R. J. Elliot
埃尔萨瑟——W. Elsasser
恩兹——C. P. Enz
埃克斯纳——F. Exner

F
法拉第——M. Faraday
梅尔维尔·费曼
　　——Melville Arthur Feynman
约安·费曼——Joan Feynman
福勒——H. Fowler
弗兰克——J. Franck
弗雷泽——P. Fraser

G
盖尔曼——Murray Gall Mann
盖革——H. W. Geiger
吉布斯——I. W. Gibbs
古德斯坦——D. L. Goodstein
阿琳·戈林鲍姆——Arlene Greenbaum
格罗夫斯——Groves

H
哈柏——F. Haber
哈恩——O. Hahn
哈密顿——William Hamilton
哈泽内尔——G. F. Hasenohrl
海尔布伦——J. L. Heilbron
黑格尔——G. W. F. Hegel
亥姆霍兹——H. von Helmholtz
古斯塔夫·赫兹——Gustav Hertz
希尔伯特——D. Hilbert
休谟——D. Hume
洪德——F. Hund

I
英费尔德——L. Infeld

J

雅默尔——M. Jammer
约飞——A. Joffe
冯·约里——P. G. von Jolly
约尔旦——P. Jordan
荣格——C. C. Jung

K

康德——I. Kant
卡皮查——P. Kapitza
卡门——T. von Kármán
开尔文——W. Thomson Kelvin
　　　　即威廉·汤姆逊，
基尔霍夫——G. R. Kirchhoff
克莱因——F. Klein
科尔劳施——K. W. F. Kohlrausch
科古特——Kogut
克喇末——H. Kramers

L

拉赫曼——Lachmann
拉登堡——R. Ladenburg
拉格朗日——Lagrange
兰措什——Lanczos
朗道——L. Landau
朗德——A. Landé

劳厄——M. T. F von Laue
勒纳德——P. E. Lenard
洛奇——O. J. Lodge
洛伦兹——H. A. Lorentz
卢卡斯——Lucas
卢里亚——S. Luria

M

马赫——E. Mach
马德隆——E. Madelung
麦克斯韦——James Clerk Maxwell
梅耶夫人——Maria Goeppert Mayer
迈特纳——L. Meitner
米尔恩——E. Milne
闵可夫斯基——H. Minkowski
默勒——C. Møller
莫尔——R. Moore
莫脱——N. Mott

N

奈赛尔——A. Neisser
能斯特——W. Nernst
纽曼——M. Newman
牛顿——I. Newton
诺特——E. Noether

O

奥基亚利尼——Occhialini
昂萨格——L. Onsager
奥本海默——J. R. Oppenheimer
奥斯特瓦尔德——F. W. Ostwald

罗伯逊——D. Robertson
伦琴——Wilhelm conrad Röntgen
玛丽·鲁——Mary Rou
罗森塔尔——S. Rozental
鲁本斯——H. L. Rubens
卢瑟福——E. Rutherford

P

派斯——A. Pais
约瑟夫·泡利——W. Joseph. Pauli
鲍林——L. Pauling
派因斯——D. Pines
埃尔温·普朗克——Erwin Planck
戈特利布·普朗克——Gottlieb Jakob Planck
海因里希·路德维希·普朗克——Heinrich Ludwig Planck
威廉·约翰·普朗克——Wilhelm Johann Planck
柏拉图——Platon
普兰特耳——Prandtl

R

罗素——B. Rassell
瑞利——J. W. Rayleigh
莱因斯——F. Reines
伦纳——Karl Renner

S

萨拉姆——A. Salam
谢尔——Scheel
席勒——F. Schiller
施利克——M. Schlick
叔本华——Arthur Schopenhauer
施韦德勒——Egonon Schweidler
施温格尔——Julian Seymour Schwinger
斯莱特——J. C. Slater
斯劳特尼克——M. Slotnick
索尔维——Ernest Solvay
索末菲——A. Sommerfeld
斯塔克——Johannes Stark
斯特恩——O. Stern
萨斯坎德——Susskind

T

汉斯·蒂林格——Hans Thirring
汤姆孙——Joseph John Thomson

托尔曼——R. C. Tolman

维格纳——E. Wigner

威尔金斯——M. Wilkins

威尔逊——Wilson

V

温特尔——J. J. Winterl

瓦莱拉——Eamen de Valera

温廷格——Wilhem Wintinger

沃尔夫——E. Wolf

W

沃森——J. Watson

Y

外斯——Pierre Ernest Weiss

尤尔格劳——W. Yourgrau

魏茨泽克——C. F. von Weizsäcker

外尔——H. Weyl

惠勒——J. A. Wheeler

Z

维恩——W. Wien

塞曼——P. Zeeman

维纳——N. Wiener